TENHA UM DIA
PERFEITO

Obras do autor

A nova arte de viver
O poder da vida positiva
O poder do fator extra
Por que alguns pensadores positivos conseguem resultados sensacionais
A solução está na fé (com S. Blanton)
Tenha um dia perfeito
A verdadeira alegria da vida positiva
Aumentando o seu potencial positivo
Pense positivo todos os dias

NORMAN VINCENT PEALE

TENHA UM DIA PERFEITO

Tradução de
DR. MIÉCIO ARAÚJO HONKIS

5ª EDIÇÃO

EDITORA RECORD
RIO DE JANEIRO • SÃO PAULO
2004

CIP-Brasil. Catalogação-na-fonte
Sindicato Nacional dos Editores de Livros, RJ.

P372t   Peale, Norman Vincent, 1898-1993
5ª ed.   Tenha um dia perfeito / Norman Vincent Peale; tradução de Miécio Araújo Honkis. – 5ª ed. – Rio de Janeiro: Record, 2004.

Tradução de: Have a great day
ISBN 85-01-02605-0

1. Sucesso. 2. Conduta. 3. Sugestão (Psicologia). I. Título.

93-1018
CDD – 158.1
CDU – 159.947

Título original norte-americano
HAVE A GREAT DAY

Copyright © 1985 by Norman Vincent Peale – todos os direitos reservados

Publicado originalmente por Fleming H. Revell Co. Old Tappan, N.J. – U.S.A.

Direitos exclusivos de publicação em língua portuguesa no Brasil adquiridos pela
DISTRIBUIDORA RECORD DE SERVIÇOS DE IMPRENSA S.A.
Rua Argentina 171 – Rio de Janeiro, RJ – 20921-380 – Tel.: 2585-2000
que se reserva a propriedade literária desta tradução

Impresso no Brasil

ISBN 85-01-02605-0

PEDIDOS PELO REEMBOLSO POSTAL
Caixa Postal 23.052
Rio de Janeiro, RJ – 20922-970

EDITORA AFILIADA

SUMÁRIO

Como Usar Este Livro, 7

Janeiro, 9
Fevereiro, 21
Março, 33

Outono, 41

Abril, 47
Maio, 59
Junho, 71

Inverno, 79

Julho, 85
Agosto, 97
Setembro, 109

Primavera, 119

Outubro, 125
Novembro, 139
Dezembro, 151

Verão, 161

Como Usar Este Livro

Parece que todos nós precisamos diariamente de alguma coisa que nos mantenha cheios de energia e entusiasmo. E talvez nada seja mais eficaz do que um pensamento motivador e estimulante.

Há um velho ditado inglês que diz: "Quem come uma maçã por dia mantém o médico afastado." Não será também possível dizer que um pensamento otimista por dia manterá as sombras afastadas, e deixará entrar em nossas vidas a luz brilhante da esperança e da felicidade?

Habituei-me há anos a ter um pensamento estimulante todos os dias, visualizando-os enquanto são absorvidos pela consciência. Sei, por experiência própria, que pouco a pouco estes pensamentos vão se infiltrando e acabam por afetar o comportamento. Algumas vezes chamei-os "estímulos espirituais", pois é exatamente assim que funcionam. E todos nós precisamos desses "estímulos espirituais".

Em outras ocasiões, chamei essas idéias especiais de "condicionadores do pensamento". Assim como a atmosfera de um ambiente pode ser mudada pelo ar condicionado, o clima da mente pode ser mudado pelo "pensamento condicionado". E um pensamento pode ter uma influência enorme na maneira como uma pessoa se sente mental, emocional e fisicamente. Sem dúvida, para que todos os dias sejam bons você deve ter bons pensamentos e concentrar-se em pelo menos um diariamente.

Assim, este livro apresenta 366 pensamentos otimistas e positivos, um para cada dia do ano, inclusive para o ano bissexto. Espero que você tenha o livro à mão na sua escrivaninha, mesinha-de-cabeceira, na cozinha, ou talvez um exemplar em cada lugar. Se começar a sentir-se "deprimido", pegue o livro e leia o pensamento do dia. E se um não for suficiente, leia mais alguns.

Não hesite em marcar os pensamentos que o agradem mais; dobre a ponta da página, volte e leia-os repetidamente. A releitura ajuda a aprofundar na mente qualquer pensamento útil. E quanto mais aprofundado o pensamento estiver, mais fortes vão ser os efeitos para o seu bem-estar.

Além disso, se quiser recortar um pensamento do livro para carregá-lo na carteira, bolso ou bolsa, não deixe de fazê-lo pela idéia de que um livro não deve ser mutilado. Um livro é apenas um instrumento que deve ser usado para o bem de cada um. E se achar que o retalhou demais, sempre é possível comprar outro exemplar. A intenção é que ele seja uma espécie de armário de remédios para manter os pensamentos positivos. Então, tome o remédio e torne-se uma pessoa mais saudável e feliz.

Gostaria também de sugerir o que chamo de "técnica do bolso da camisa". O bolso da minha camisa é muito importante para mim, porque dentro dele guardo ditos e citações escritos em fichas. E em algumas fichas escrevo meus objetivos. Ao colocar as fichas no bolso, as citações ficam sobre o coração, enfatizando assim o fator emocional. Leio essas fichas várias vezes até que, por um processo de osmose intelectual, elas passam do consciente para o subconsciente e tornam-se assim determinantes.

Mas, seja como for que você use os pensamentos diários desse livro, espero sinceramente que eles o ajudem a ter um bom dia todos os dias.

Norman Vincent Peale

TENHA UM DIA
PERFEITO

JANEIRO

1º de janeiro

No dia de ano novo, geralmente decidimos abandonar algum mau hábito. Bem, existe uma lei psicológica para se fazer isso. É a seguinte: quanto mais você deixar de fazer o que se propôs, mais fácil isto se tornará. Sei disso porque passei muito tempo tentando parar de comer alimentos que engordam. Mas finalmente descobri como fazer a coisa dar certo. Pare por uma refeição, depois duas, três. Aí a coisa começa a ficar difícil. Então você endurece, pare o dia seguinte e no próximo. Depois de algum tempo, o orgulho entra em cena para ajudá-lo. Você começa a gabar-se de todas as coisas que não comeu. Depois, aponta com orgulho para o cinto, pois conseguiu fechá-lo no último furo. Essa é a forma positiva de fazer alguma coisa, e pode ser aplicada a tudo que se queira mudar na vida.

2 de janeiro

Todo mundo pode fazer tudo o que realmente quiser desde que se decida a fazê-lo. Todos somos capazes de coisas melhores do que imaginamos. O que uma pessoa consegue depende imensamente de: 1. Desejo. 2. Fé. 3. Perseverança. 4. Capacidade. Mas, se você não tiver os três primeiros fatores, sua capacidade não compensará a falta dos outros três. Portanto, concentre-se nos três primeiros e os resultados irão surpreendê-lo.

3 de janeiro

Atinge-se o sucesso da seguinte forma: primeiro, tenha um objetivo bem definido. Delineie esse objetivo até que ele fique bem definido e claro no seu consciente.

Mantenha-o lá até que, pelo processo da osmose espiritual e intelectual, do qual falei na introdução desse livro, ele penetre no seu inconsciente. Então você o dominará porque ele o domina. Cerque constantemente esse objetivo com pensamentos positivos e fé. Continue a ter pensamentos positivos. É dessa maneira que se alcança o sucesso.

4 de janeiro

Afirmar que se vai ter um bom dia é uma maneira garantida de tê-lo. Quando acordar, saia da cama e estique-se completamente, dizendo em voz alta: "Este será um bom dia." Tudo o que você diz com convicção é uma espécie de comando, uma atitude positiva que tende a trazer bons resultados.

5 de janeiro

Prossiga com confiança e energia, atacando os problemas, esperando resultados favoráveis. Quando surgem obstáculos ou dificuldades, a pessoa que tem pensamento positivo encara-os como oportunidades criativas. Ela acolhe com prazer o desafio de um problema difícil e procura maneiras de tirar proveito dele. Essa atitude é um fator chave nas grandes carreiras e no bem-viver.

6 de janeiro

Em Dunquerque, o destino da nação britânica dependia de tirar os soldados das praias e mandá-los de volta para a Inglaterra. Durante a hora mais difícil, um

coronel correu em direção ao General Alexander, gritando:
— Nossa posição é catastrófica!
Ao que o general respondeu:
— Coronel, eu não entendo palavras grandes. Trate de se mexer e tirar esses homens daqui!
Esse é o tipo de pensamento que se deve ter nas horas de crise. Faça apenas o necessário.

7 de janeiro

Desde muito cedo, o medo pode tomar conta de nós e tornar-nos muito apreensivos. Para evitar que isso aconteça, deixe que a fé, a esperança e a coragem entrem no seu pensamento. O medo é forte, mas a fé é mais forte ainda. A Bíblia nos diz: "... Ele, porém, colocou a mão direita sobre mim, assegurando: 'Não temas!' ..." (Apocalipse 1, 17). A mão d'Ele está sempre sobre você também.

8 de janeiro

A raiva é sempre uma emoção intensa. Para atenuá-la, acalme-se. Algumas pessoas contam até dez, mas talvez as dez primeiras palavras do Pai-Nosso funcionem melhor ainda: "Pai nosso que estais no céu, santificado seja o Vosso Nome ..." (Mateus 6, 9). Repita isso dez vezes e a raiva perderá sua força.

9 de janeiro

Certa manhã de domingo, desanimado por achar que meu sermão fora fraco, pensando que havia esquecido

o melhor e dito o pior, um velho pregador, um grande orador no seu tempo, me deu um tapinha nas costas.
— Não deixe que isso o aborreça, irmão — disse ele, tentando consolar-me. — Esqueça isso. A congregação o fará, e você também devia fazê-lo.

10 de janeiro

Nunca me esquecerei de Ralph Rockwell. Ele era o caseiro do nosso sítio, no campo. Ralph, um tradicional representante da Nova Inglaterra, sempre se preocupava com o lugar como se fosse dele. Certa vez, quando eu ia tomar a liberdade de dar-lhe um conselho, ele me disse:
— Vamos combinar uma coisa, Dr. Peale. O senhor faz o sermão. Eu tomo conta do sítio.

Nunca se esqueça: saber ouvir um conselho é tão importante quanto dá-lo.

11 de janeiro

Meu professor da quinta série, George Reeves, era um homem imenso. Tinha 1,85m de altura e pesava 120 quilos. Às vezes, gritava de repente em sala:
— Silêncio!

Então, escrevia no quadro-negro com letras grandes as palavras NÃO POSSO. Virava-se para a turma e perguntava:
— E agora, o que devemos fazer?

Como já sabíamos o que ele queria ouvir, respondíamos em coro:
— Apagar a palavra NÃO.

Com um gesto majestoso ele a apagava, deixando apenas a palavra POSSO. Ao limpar o giz dos dedos, dizia:

— Que isso seja uma lição para vocês... vocês PODEM, se pensarem que podem.

12 de janeiro

Imagine o seguinte cenário: Coréia, meia-noite. Estava extremamente frio, a temperatura abaixo de zero. Uma grande batalha se preparava para a manhã. Um corpulento fuzileiro naval dos Estados Unidos, encostado num tanque, comia feijões frios de uma lata com um canivete. Um correspondente de um jornal que o observava sentiu-se impelido a fazer uma pergunta filosófica:

— Escute — disse o repórter — se eu fosse Deus e pudesse dar-lhe o que você mais deseja, o que pediria?

O fuzileiro pegou mais alguns feijões com o canivete, refletiu e então disse:

— Pediria o dia de amanhã.

Talvez todos nós o fizéssemos — um bom amanhã

13 de janeiro

Judson Sayre, um colega de escola, começou do nada e tornou-se um dos vendedores mais bem-sucedidos do país. Num jantar, em seu apartamento, em Lake Shore Drive, em Chicago, começamos a falar sobre como ter um bom dia, já que ele era craque nisso.

— Venha olhar o meu espelho — disse ele.

Ele havia afixado ali uma mensagem que dizia:

> *Quer ter um bom dia?*
> *Acredite num bom dia.*
> *Reze por um bom dia.*
> *Mereça um bom dia.*

*Tenha Deus com você para um bom dia.
Vá em frente e faça dele um bom dia.*

14 de janeiro

Certa época, morei na parte setentrional do Estado de Nova York, onde os invernos são bastante frios. As estradas congelam, derretem e tornam a congelar. Então, quando chega a primavera, elas estão muito rachadas e sulcadas. Num dos primeiros dias de abril, cheguei a um trecho péssimo de uma estrada onde alguém havia colocado uma tabuleta feita à mão: "Escolha bem o seu caminho. Você estará nele nos próximos 40 quilômetros." Não é uma ótima idéia escolher o caminho certo?

15 de janeiro

Uma noite, encontrei uma pequena lanchonete, a Lanchonete do Joe. Seu dono, Joe, era obviamente um homem feliz. Havia mais ou menos uma dúzia de bancos ocupados, na sua maioria por homens idosos e duas senhoras da região. Ele colocou uma tigela de sopa fumegante diante de um senhor de mãos trêmulas.

— Mamãe fez especialmente para o senhor, Sr. Jones.

Uma senhora já com pouca firmeza nas pernas levantou-se para sair.

— Cuidado, Sra. Hudson. Os carros passam muito rápido lá fora. E veja como a lua cheia sobre o rio está especialmente bonita esta noite.

Fiquei sentado pensando que Joe era feliz porque realmente amava as pessoas.

16 de janeiro

O princípio do "como se" funciona. Tente agir "como se" não tivesse medo e se tornará corajoso; "como se" pudesse e verá que pode. Tente agir "como se" gostasse de uma pessoa e descobrirá uma amizade.

17 de janeiro

As atitudes são mais importantes do que os fatos. É claro que não se pode ignorar um fato, mas a atitude com que você o encara é importantíssima. O segredo da vida não é o que acontece com você e sim a sua atitude diante do que lhe acontece.

18 de janeiro

Coisas surpreendentes podem ser feitas quando se tem uma fé vigorosa, um desejo profundo e muita persistência.

19 de janeiro

A melhor forma de esquecer-se dos próprios problemas é ajudar os outros. Como diz um antigo provérbio chinês: "Quando tiro alguém do buraco, este de onde o tirei servirá para enterrar o meu próprio problema."

20 de janeiro

William James disse:
— Acredite que tem importantes reservas de saúde, energia e resistência, e isto ajudará a tornar o fato realidade.

21 de janeiro

Um homem que sofreu uma série de infortúnios disse algo de que gostei:
— Eu superei isso tudo porque descobri em mim uma capacidade inata de recuperação.

22 de janeiro

Um pregador idoso e com um grande senso de humor, ao falar sobre um texto bem conhecido, disse: "Agora, pois, permanecem a fé, a esperança e o amor, estas três virtudes; porém, a maior delas é o bom senso."

23 de janeiro

Não se desgaste tentando competir com os outros. Cresça competindo consigo mesmo. Tente sempre superar-se.

24 de janeiro

Trabalhe e viva *com entusiasmo*. *Agradeça* os sucessos obtidos. Encare os fracassos *com calma* — isto é, adote uma atitude "despreocupada". E tenha como objetivo encarar a vida como ela é: filosoficamente.

25 de janeiro

O dia de ontem acabou na noite passada. Todo dia é um novo começo. Aprenda a arte de esquecer e vá em frente.

26 de janeiro

A autoconfiança e a coragem dependem do tipo de pensamento que você tem. Alimente pensamentos negativos durante um longo período e terá resultados negativos. Seu subconsciente é muito acomodado. Ele mandará para você exatamente o que você mandar para ele. Mande medo e incapacidade e será isso o que ele lhe devolverá. Cuide da sua mente e comece a enchê-la de pensamentos saudáveis, positivos e corajosos.

27 de janeiro

Há três pontos importantes para conseguir-se alguma coisa. Encontre-se, motive-se e entregue-se. Esses três darão resultados.

28 de janeiro

Jesse Owens, o famoso campeão olímpico, disse que quatro palavras o fizeram prosperar: *Determinação. Dedicação. Disciplina. Atitude.*

29 de janeiro

Não faça suas orações como se estivesse pedindo alguma coisa a Deus. A oração de agradecimento é muito mais eficiente. Enumere todas as boas coisas que tem, todas as coisas maravilhosas que lhe aconteceram e agradeça a Deus por elas. Faça com que isso seja a sua oração.

30 de janeiro

A pessoa controlada é uma pessoa forte. Quem nunca perde a cabeça chega sempre na frente. Edwin Markham afirmou: "O coração do ciclone que corta o céu é um lugar calmo." O ciclone tira sua força de um centro calmo. As pessoas fazem o mesmo.

31 de janeiro

Theodore Roosevelt, um homem forte e seguro, disse:
— Sempre tive medo. Mas nunca me entreguei. Simplesmente agia como se não tivesse medo e num instante ele desaparecia.

O medo tem medo dele mesmo e recua quando você o enfrenta.

FEVEREIRO

1º de fevereiro

É bom aquecer-se diante do fogo numa noite fria de inverno. Lowell Thomas, tentando persuadir-me a esquiar nas montanhas, disse:
— Viver intensamente é deslizar sobre a neve num bosque de árvores antigas e muito altas, os galhos apontando para um céu azul e límpido, é ouvir o silêncio palpável.

Como resposta citei-lhe a brilhante frase de Thomas Carlyle: "É no silêncio que nascem as grandes coisas."

2 de fevereiro

Certa vez, conheci um vendedor extraordinariamente bem-sucedido que me disse repetir em voz alta três vezes toda manhã: — Eu acredito, eu acredito, eu acredito.
— Acredita em quê? — perguntei.
— Em Deus, em Jesus e na vida que Deus me deu — declarou ele.

3 de fevereiro

Num jantar com alguns amigos chineses a conversa girou em torno do estresse e da tensão, tão comuns hoje em dia.
— Essa é uma forma errada de se viver — falou um senhor de idade. — A tensão é tolice. Sempre enfrente uma emergência descansadamente.
— Quem disse isso? — perguntei
— Eu — respondeu o homem com um sorriso. — E se você me citar, diga apenas que foi um velho filósofo chinês.

Bem, é uma boa filosofia: "Sempre enfrente uma emergência descansadamente."

4 de fevereiro

Ser um otimista convicto ajuda a ter bons dias. Convicto não quer dizer arrogante, sarcástico, teimoso. Ter convicção é ter persuasão íntima, é confiar realmente naquilo que se deseja. E o otimismo, segundo os dicionários, é uma "atitude em face dos problemas humanos ou sociais que consiste em considerá-los passíveis de uma solução global positiva, do que resulta uma posição geral ativa e criadora".

5 de fevereiro

Minha mulher, Ruth, e eu temos uma amiga, uma encantadora senhora do Sul dos EUA, que tem um forte sotaque e um grande sorriso. Toda manhã, chova ou faça sol, costuma escancarar a porta da frente e dizer em voz alta:
— Alô. Bom dia.
Ela explica:
— Eu amo a manhã. Ela me traz as mais maravilhosas surpresas, presentes e oportunidades.
Certamente, seus dias são sempre bons.

6 de fevereiro

Certa vez, perguntaram a Henry Ford de onde vinham suas idéias. Havia um pires na escrivaninha. Ele virou-o de cabeça para baixo, deu um tapinha no fundo e disse:
— Você sabe que há uma pressão atmosférica

atingindo esse objeto a um quilograma por centímetro quadrado. Você não pode ver, mas sabe que existe. O mesmo acontece com as idéias. O ar está cheio delas. Elas o atordoam batento em sua cabeça. Basta você saber o que quer, depois desligue e vá fazer suas coisas. De repente, a idéia surge. Estava lá o tempo todo.

7 de fevereiro

Conservar a alma alegre, aconteça o que acontecer, é assegurar um bom dia todos os dias. O velho e sábio Shakespeare diz: "Um coração alegre vive muito tempo". Parece que uma alma alegre é a tônica para uma vida longa. Sêneca, o sábio pensador romano, observou: "É realmente uma tolice ficar infeliz agora, porque você pode ficar infeliz no futuro."

8 de fevereiro

Alguém contou uma história sobre um homem da Carolina do Norte que perguntou a um velho alpinista como ele estava se sentindo. Depois de alguns segundos de silêncio, ele respondeu falando devagar:
— Ainda estou esperneando, mas não levanto mais poeira alguma.
Pensando bem, enquanto a gente continua esperneando sempre há uma esperança.

9 de fevereiro

Quantas pessoas infelizes sofrem da paralisia mental do medo, indecisão, inferioridade e incapacidade! Os pensamentos obscuros não as deixam ver os resultados que a mente pode produzir. Mas o otimismo enche a mente de confiança e constrói a autoconfiança. Resultado? A mente revitalizada, energizada de uma maneira nova, enfrenta com muito mais força os problemas. Mantenha a paralisia dos pensamentos doentios longe desse instrumento extraordinário que é a sua mente.

10 de fevereiro

O otimismo é uma filosofia que se baseia na crença de que a vida é essencialmente boa, que, em última análise, na vida, o bem sobrepuja o mal. Acredita também que em toda dificuldade, em todo sofrimento há algum bem inerente. E o otimista procura encontrar o bem. Ninguém viveu uma vida realmente otimista se não deixou o otimismo entrar em sua mente.

11 de fevereiro

Certa vez, em Tóquio, encontrei um outro americano, um homem interessante, da Pensilvânia. Aleijado devido a um tipo de paralisia, ele estava fazendo uma viagem ao redor do mundo numa cadeira de rodas, divertindo-se imensamente com todas as experiências. Comentei que nada parecia deprimi-lo. Sua resposta foi uma pérola:
— Apenas as minhas pernas estão paralisadas. A paralisia nunca alcançou minha mente.

12 de fevereiro

Carl Schurtz, imigrante, tornou-se um famoso jornalista e senador dos Estados Unidos. Escreveu em palavras duradouras: "Os ideais são como as estrelas. Não se pode tocá-los. Mas, como um navegador num deserto de águas, pode-se escolhê-las como guia e seguindo-as chegar a seu destino."

13 de fevereiro

Uma forma segura para se ter um bom dia é ter entusiasmo. Ele contém uma força enorme para gerar vitalidade, vigor, felicidade. O entusiasmo como força motivadora positiva é tão poderoso que supera adversidades e dificuldades e, além disso, se cultivado, não tem fim. Faz com que a pessoa prossiga firmemente, mesmo quando a caminhada é árdua. Pode, inclusive, retardar o processo de envelhecimento, porque, como disse Henry Thoreau: "Ninguém é tão velho quanto aquele que sobreviveu a seu próprio entusiasmo."

14 de fevereiro

No Dia de São Valentim*, gostaria de chamar sua atenção para a lei da atração dos corpos: semelhante atrai semelhante. Se você tem constantemente pensamentos negativos, tende a atrair resultados negativos. Isto é tão verdadeiro quanto dois e dois são quatro. Mas a pessoa que tem pensamentos positivos carrega o mundo a sua volta positivamente, e atrai resultados positivos.

15 de fevereiro

A vida nesta terra maravilhosa e emocionante não é muito longa. Estamos aqui hoje, mas podemos não estar mais amanhã; por isso, agradeça a Deus por cada

---

* Considerado Dia dos Namorados nos Estados Unidos. *(N. da T.)*

dia. A vida é boa quando você a trata bem. Ame-a e ela também o amará.

16 de fevereiro

A vida nem sempre é tranqüila — muito pelo contrário. De tempos em tempos, e geralmente quando menos se espera, ela nos traz desapontamentos, desgostos, perdas ou grandes dificuldades. Mas nunca se esqueça de que você é capaz de superar as piores coisas; seja persistente e torne a levantar-se. Você se sentirá mais forte e talvez até mais amadurecido, após passar por algumas experiências difíceis.

17 de fevereiro

Estamos tão acostumados a estar vivos que nem reparamos no fato. Raramente nos emocionamos ou nos maravilhamos com isso. Já lhe aconteceu alguma vez acordar de manhã, olhar pela janela, ou ir até a porta, respirar o ar fresco, tornar a entrar e dizer para seu cônjuge:
— Não é magnífico estar vivo?
A vida é um privilégio tão grande, uma coisa tão emocionante, que devemos sempre dar graças por ela.

18 de fevereiro

Meu velho amigo e sócio, o famoso psiquiatra Dr. Smiley Blanton, costumava dizer:
— Não importa o que aconteça a uma pessoa, ela ainda terá dentro de si muitas áreas ilesas. A natureza sempre tenta reparar; portanto, nunca desanime quando sofrer um infortúnio.

19 de fevereiro

Minha mãe costumava dizer-me:
— Algumas vezes na vida as portas se fecharão para você. Mas não permita que isso o desanime; muito pelo contrário, encare o fato com alegria, porque é dessa maneira que as portas se abrirão para você, as portas certas.

20 de fevereiro

Eis aqui uma boa dieta mental:
1 — *Nunca pense mal dos outros.*
2 — *Interprete da melhor forma possível as ações dos outros.*
3 — *Emita bons pensamentos para qualquer pessoa que lhe seja hostil.*
4 — *Tenha sempre esperança.*
5 — *Veja apenas as coisas boas.*

21 de fevereiro

Quando a vida lhe der um abacaxi, descasque-o e sirva em rodelas. Lembre-se, não existe situação tão completamente sem esperança que não se possa fazer dela algo construtivo. Quando se defrontar com um menos, pergunte-se o que pode fazer para transformá-lo num mais. A pessoa que tem esse tipo de atitude obterá resultados inesperados das mais inauspiciosas situações. Conscientize-se de que não há situações desesperadoras; o que há são pessoas que se desesperam.

22 de fevereiro

Lembro-me de uma mensagem que vi certa vez na parede de um escritório: "Aquele que tropeça duas vezes na mesma pedra merece quebrar o pescoço." Isso pode estar dito de uma forma um tanto agressiva, mas salienta uma verdade: a pessoa inteligente não se afunda na psicologia dos erros, ou permite que estes se acumulem na sua mente. Quando cometer um erro, procure corrigi-lo. Uma vez basta.

23 de fevereiro

Conheci um homem que estava sempre dizendo:
— Sabe, estou meio inclinado a fazer isto ou aquilo.
Eu lhe disse:
— Charley, você é um homem de meias intenções. Tudo o que pensa em fazer só está meio disposto a fazê-lo. Ninguém chega a lugar nenhum com meias intenções.
O sucesso exige uma entrega total, a mente toda. Charley tornou-se uma pessoa completa e atingiu o sucesso total.

24 de fevereiro

O segredo do sucesso em qualquer negócio ou outro tipo de empreendimento está em seis simples palavras: *encontre uma necessidade e a satisfaça*. Na verdade, essas seis palavras podem ser aplicadas em praticamente toda iniciativa bem-sucedida ou carreira pessoal.

25 de fevereiro

Os campeões dão o melhor de si sempre: hoje, amanhã, depois de amanhã e assim por diante. A vida também deve ser bem vivida diariamente. E tanto no esporte quanto na vida, o sucesso é o resultado de uma sucessão de mais dias bons do que ruins.

26 de fevereiro

Comece a preparar-se para uma velhice feliz quando ainda for jovem — porque, aos 70 anos, você será como é aos 30; só que tudo se acentuará. Se você já é apegado ao dinheiro aos 30, aos 70 será um unha-de-fome. Se você fala muito aos 30, aos 70 será um tagarela. Se você é gentil e amável aos 30, será adorável aos 70.

27 de fevereiro

Um jogador de futebol americano que pesava pouco usou uma lei da física para superar sua pequena estatura em relação aos gigantes. Sabendo que a quantidade de movimento é o produto da massa pela velocidade, ele decidiu projetar-se contra os oponentes a uma alta velocidade. Esse homem-bala atirou-se contra homens grandes. Derrubou-os como pinos numa pista de boliche. Essa é uma boa estratégia para ser usada em relação a grandes problemas.

28 de fevereiro

Se você se preocupa, fica preocupado porque sua mente fica cheia de preocupações. Para combater isso, marque toda passagem da Bíblia que fale de fé, esperança e coragem. Decore cada uma delas até que esses pensamentos espirituais encham sua mente.

29 de fevereiro

Este é um dia extra que temos a cada quatro anos. Pense que, se você viver 80 anos, terá 20 inestimáveis dias de vida adicionais. Nesse dia do ano bissexto, Deus nos dá uma chance extra de vida. Talvez devêssemos fazer algo especial com ele, como tornar a vida de alguém um pouco mais feliz, reatar uma amizade ou rezar pelas pessoas que estão passando por maus momentos.

MARÇO

1º de março

Cada mês é um novo começo. O mesmo ocorre com cada novo dia. Talvez seja por isso que Deus cerra a cortina da noite — para apagar o dia que passou. Todos os dias que passaram acabaram na última noite. Não importa há quanto tempo você está vivo, os dias que passaram acabaram. Esse dia é totalmente novo. Você nunca o viveu antes. Que grande oportunidade!

2 de março

Harry Truman disse certa vez: "Quem tem medo de se queimar deve ficar longe da cozinha." Se nos propomos a lutar por princípios e convicções, é muito difícil evitar as adversidades que surgem de vez em quando. Jamais fraqueje ou fuja — como todos temos vontade de fazer nessas ocasiões. Se nos entregarmos a essa tentação, a vida pode ser mais fácil, mas com certeza será menos interessante.

3 de março

Um homem disse que durante quatro anos foi extremamente nervoso, mas que finalmente conseguiu "educar-se" e deixou de sê-lo. A palavra "educar-se" faz sentido, pois não obtemos nada se não nos educamos para isso.

4 de março

Aprenda o máximo com os infortúnios pelos quais passou. Então prossiga com confiança para a próxima oportunidade. Aceite a derrota passivamente e estará liquidado. Ataque com tudo o que tem e você tem muito. Vencerá se *nunca se contentar com uma derrota*.

5 de março

Existe uma forma de se evitar críticas: nunca fazer nada, nunca ser ninguém na vida. Se nos sobressaímos, os invejosos notam e nos atacam. A crítica é um sinal de que sua personalidade tem alguma força.

6 de março

Ir à igreja pode ser emocionante. Certa vez, após um serviço dominical, um homem que morava no oeste me disse:
— Saio da igreja tão emocionado que sinto que poderia laçar a lua.

7 de março

Deus Todo-Poderoso distribui generosamente as boas coisas do mundo na proporção da receptividade mental das pessoas. Um indivíduo que vem ao armazém divino com uma colher de chá, esperando "pouco", receberá apenas uma colher de chá. Uma outra pessoa mais confiante e positiva que avança com confiança, com um garrafão, receberá um garrafão de bênçãos para a vida. Só podemos receber aquilo que esperamos de acordo com nossa fé. Portanto, pense grande.

8 de março

O seu poder é o poder de optar. Através dele você pode tornar sua vida criativa ou destruí-la. Todo dia fazemos muitas opções. Algumas aparentemente pequenas, mas nenhuma totalmente insignificante, porque a sua vida pode depender essencialmente da opção que lhe parece menos importante. Costuma-se dizer freqüentemente que a história se constrói com pequenas coisas. Isso também acontece com a vida das pessoas.

9 de março

Sentir a presença de Deus nos dá segurança, nos dá uma âncora na tempestade e fornece um reservatório de força individual. Se você tem Deus como amigo, Ele se tornará tão real que será seu companheiro fiel dia e noite. Dessa forma, mesmo quando o caminho for difícil, seu coração pode ficar alegre porque você O tem com você.

10 de março

"Por que não podemos ter um mundo calmo e pacífico?", perguntou um homem. Contei-lhe sobre um velho amigo irlandês que disse haver uma tradição na Irlanda do Norte segundo a qual, quando havia problema na Terra, isto significava que havia movimento no céu. E esse velho e sábio homem me disse: "Sempre me alegro quando há muitos conflitos e preocupações na Terra, porque sei que, por causa desta desordem, um movimento no céu trará alguma coisa boa.

11 de março

Não fale em problemas pois isso apenas os atrairá. Fale das coisas boas da vida e não das ruins. O ato da fala tende a criar ou destruir porque coloca em ação o enorme poder do pensamento através do sentido indicado pela fala. Lembre-se sempre da advertência de Ralph Waldo Emerson de que a palavra tem vida. Através de seu uso repetido ela pode construir ou destruir.

12 de março

Um executivo tinha em sua mesa três caixas rotuladas: ENTRADA, SAÍDA, NÃO RESOLVIDO. A última geralmente continha a maior quantidade de papéis. Então ele colocou uma quarta caixa com o seguinte rótulo: PARA DEUS TODAS AS COISAS SÃO POSSÍVEIS. Sempre que se defrontava com um problema difícil, preparava um memorando e jogava na caixa. Passava então a outros problemas acreditando que no momento certo receberia a ajuda de Deus. As sete palavras afirmativas na caixa tornavam a atitude do homem positiva e lembravam-no sempre de que existiam possibilidades. Mesmo que ainda não tivesse tomado uma decisão, esse pensamento o desafiava a perceber e finalmente realizar essas possibilidades.

13 de março

Uma fórmula para o auto-aperfeiçoamento é: primeiro, decidir exatamente que característica específica se deseja ter e então gravar essa imagem mental firmemente na consciência. Segundo, desenvolver essa imagem mental agindo como se realmente possuísse a característica desejada. Terceiro, acreditar e reafirmar constantemente que você está adquirindo a qualidade que deseja desenvolver.

14 de março

As pessoas geralmente destroem a felicidade e o sucesso na vida com sua língua. Elas explodem, dizem algo maldoso, escrevem uma carta áspera e o mal está feito. E, infelizmente, a verdadeira vítima não é a outra pessoa e sim elas próprias.

15 de março

O escritor William A. Ward criou um plano para ter sucesso em seus empreendimentos. Ele o chamou de o "Plano dos 8 Ps" que é o seguinte: Planeje Premeditadamente, Prepare Piedosamente, Proceda Positivamente e Prossiga Persistentemente.

16 de março

O conselho bíblico "Não deixe que o sol se ponha sobre sua ira" é bom do ponto de vista psicológico. A raiva pode acumular-se até o ponto de explodir e deve ser drenada toda noite. Drene a raiva que pode estar fervendo em sua mente, perdoando todo mundo. E pratique a arte de esquecer.

17 de março

Amamos aqueles que nos fazem acreditar em nós mesmos. Shakespeare escreveu:

"Sobretudo sê leal contigo mesmo."
E assim como se segue a noite ao dia
Não poderás ser falso com ninguém."

18 de março

Só existe uma pessoa com quem você tem que competir: você mesmo. Procure sempre superar seu melhor desempenho e esforçar-se para alcançar níveis superiores. Se está sempre se comparando a outras pessoas, fatalmente o ressentimento e a antipatia tomarão conta de você. Como resultado a tensão aumenta, você perde o ritmo e seu desempenho será pior. Lembre-se do desafio de Thomas Edison: "Há um caminho melhor. Descubra-o".

19 de março

A pessoa normal usa apenas uma pequena fração da sua capacidade. Alguns especialistas calculam que esse uso fique em torno de dez por cento da capacidade total. Uma razão disso é que não dedicamos atenção e tempo suficientes ao desenvolvimento cuidadoso e sistemático de nossa personalidade. Outra razão é que nos frustramos com limitações que nós mesmos nos impomos. Tente atingir todo o seu potencial.

20 de março

Após uma acalorada disputa na Câmara de Deputados dos Estados Unidos a respeito de um importante projeto de lei, Madden, um político experiente, aproximou-se de um jovem deputado que evidentemente havia sido convencido a votar a favor do projeto de lei por meios duvidosos.

— Filho, por que você votou dessa forma? — perguntou Madden.

— Fui obrigado — respondeu o jovem. — Estavam me pressionando.

O velho deputado colocou a mão no ombro do colega.

— Mas onde está sua força interior, rapaz? — perguntou.

A fé pode dar-nos forças para lutar contra a pressão.

Outono

...Há uma harmonia
No outono, e no céu uma limpidez
Que em todo o verão não se ouve nem vê
Como se não existisse, não pudesse ser.

Assim escreveu o poeta Percy Bysshe Shelley. A "harmonia" e a "limpidez" são verdades definitivas do outono. Mas em minha opinião esta é também a época mais emocionante do ano. Outro bom adjetivo para o outono é "glorioso". "Sensacional" e "inacreditável" também combinam com o outono.

Para quase todos, os pensamentos melancólicos são inescapáveis no outono, e sei de onde vêm: crepúsculos precoces, o fim da plenitude do verão e todas essas coisas. A última folha que reluta em se desprender da árvore traz saudade e um toque de melancolia.

Mas não devemos nos entregar a ela! A dádiva mística do outono é a recordação, a memória, as lembranças dos velhos tempos, de nosso primeiro lar. A música das folhas que caem no outono anuncia a renovação que virá. É o tempo misterioso, o intervalo romântico, o tempo de sonhos ligados às histórias do passado que ainda vivem dentro de nós.

As folhas bailam silenciosas, vermelhas, amarelas, castanhas; amontoam-se trazidas pelo vento. Podemos mergulhar os pés nesses montes, e o farfalhar das folhas secas irá sempre nos acompanhar como um som grato aos nossos ouvidos.

As noites de outono são calmas. A lua grande e redonda move-se bem alto no céu. O ar é fresco e revigorante. Volta-se ao aconchego do lar. Não existe nada no mundo que se compare com o outono.

21 de março

Cada um de nós acaba por determinar exatamente o que é. Se você quer saber o que a vida lhe vai proporcionar, tudo o que precisa fazer é uma autoanálise.

22 de março

Há uma inacreditável bondade atuando a seu favor. Receba com confiança a enorme quantidade de bênçãos divinas. Pense na plenitude, na prosperidade e no melhor de todas as coisas. Espere que boas coisas aconteçam. Deus quer dar a você tudo de bom. Não deixe que a descrença seja um obstáculo à generosidade d'Ele.

23 de março

De pé, ao lado da lápide de minha mãe, olhei-a friamente — um lugar onde ficam apenas os restos mortais; seu corpo mortal não passava de um casaco abandonado, pois a pessoa que o vestia não precisava mais dele. Ela, porém, aquela alma gloriosa e adorável, não estava lá. Saí do cemitério e voltei pouquíssimas vezes, porque ela não estava lá. Ela está com seus entes queridos para sempre. "Por que procurais entre os mortos aquele que está vivo?" (Lucas 24, 5). Você pode acreditar em Cristo. Ele não nos deixaria acreditar e ter convicções tão sagradas, se elas não fossem verdadeiras.

24 de março

Se você quer ter uma determinada qualidade na vida, aconselho-o a usar o princípio do *como se* — aja *como se* já possuísse essa qualidade. Na medida em que você age dessa forma e persiste em fazê-lo, tende a adquirir a qualidade desejada. Experimente — funciona mesmo! Se uma pessoa aje como se Deus estivesse com ela, se fala com Deus como se Ele a estivesse ouvindo, com o tempo passa a confiar em Deus. Então você sabe que Deus está sempre com você, como Ele disse que estaria. E sabe que Ele está escutando suas orações.

25 de março

Todo ser humano precisa ter paz interior. Você não precisa preocupar-se com os problemas se tiver paz interior para lidar com eles. E isso é algo que se pode conseguir. Pode-se aprender a ter um pouco da imensa paz de Deus na mente e no coração.

26 de março

Nós, seres humanos, geralmente tendemos a aumentar demasiadamente as dificuldades e acabamos ficando com medo delas. Convencemo-nos de que já estamos derrotados antes mesmo de tentar resolvê-las, e inventamos uma desculpa para nem ao menos tentar. Esta é a hora de libertar o gigante adormecido que existe em você e transformar-se na grande pessoa que realmente é. Você será um vencedor, ao invés de um derrotado.

27 de março

A maioria de nós não tem consciência de sua força e capacidade inatas. No fundo, nós nos subestimamos. Não acreditamos em nós mesmos e por isso permanecemos fracos, improdutivos e até mesmo impotentes, quando poderíamos ser fortes, dominantes, vitoriosos. Um velho sapateiro de Edimburgo tinha o hábito de começar o dia com a seguinte oração: "Senhor, faça com que eu tenha uma boa opinião sobre mim mesmo." Não uma opinião ruim!

28 de março

Seja você mesmo. Ser conformista é uma das maiores desonestidades. Quando rejeitamos aquilo que nos torna especiais, enfraquecemos a individualidade e singularidade que Deus nos deu, começamos a perder nossa liberdade. O conformista nunca é um homem livre. Ele tem que seguir o rebanho. Precisamos de um número maior de pessoas "diferentes", que não se submetam facilmente aos padrões de comportamento estabelecidos, pessoas que não tenham medo de ser "diferentes". Os homens e as mulheres desse tipo são quase sempre pessoas "diferentes", porque não têm medo de ser eles mesmos independentemente do que está na moda.

29 de março

Fale, converse mesmo com as fontes de energia saudáveis que existem dentro de você. Peça ajuda a elas. Todos os dias estimule decididamente essas fontes divinas. Retire delas ações criativas. Fique de pé, empertigue-se e diga: "Afirmo a presença da energia criativa divina em mim. Entrego-me a ela confiando em seus efeitos saudáveis. Sinto que a energia da vida está-me renovando neste momento. Agradeço a Deus, o Criador, e também o Re-Criador que agora me torna novo."

30 de março

Não tenha dúvida quanto ao seguinte: qualquer tipo de desonestidade mutila, e a primeira coisa que se perde é a liberdade. A pessoa mente para esconder-se e logo fica emaranhada em mentiras. Uma pessoa mentirosa não pode ser livre. A pessoa honesta é livre.

31 de março

Todo dia, durante algum tempo, gosto de observar um período de silêncio absoluto porque ele proporciona uma energia saudável. Para encontrar essa energia, não fale; não faça nada; ponha a mente em ponto morto, fique quieto em silêncio absoluto. É assim que se exercita o silêncio criativo.

ABRIL

1º de abril

Henry Ford disse: "Quer você *pense* que é capaz, quer pense que não é... você está certo."

2 de abril

Tudo que afirmamos constantemente tende a tomar conta dos nossos pensamentos e a produzir novas atitudes. Uma simples afirmação repetida três vezes toda manhã como: "Estou vivo. A vida é boa. Deus está comigo. Vou ter um dia magnífico" — produz os resultados imaginados.

3 de abril

A Bíblia diz o seguinte: "...pois é assim o cálculo que ele faz em si mesmo..." (Livro dos Provérbios 23, 7). Talvez também pudéssemos dizê-lo da seguinte maneira: Pense certo para que as coisas dêem certo.

4 de abril

Os trabalhadores que estavam construindo o Canal do Panamá cavaram e escavaram a grande vala durante um longo tempo. Justamente quando pensaram que tinham terminado, houve um enorme deslizamento e grande parte da terra que haviam retirado caiu novamente na vala. O mestre-de-obras correu para o chefe, o General Goethals, e exclamou:

— É terrível! Terrível! Toda a terra que retiramos caiu na vala novamente! O que devemos fazer?

Goethals riscou um fósforo, acendeu seu cachimbo e disse calmamente:

— Tire a terra de novo.
O que mais se poderia fazer?

5 de abril

Um editor disse a Louisa May Alcott, autora de *Mulherzinhas*, que ela nunca seria capaz de escrever alguma coisa pela qual o público se interessasse. Um professor de música disse a Enrico Caruso: "Você não pode cantar porque não tem voz nenhuma." E uma professora avisou a um aluno chamado Thomas A. Edison que ele era burro demais para seguir uma carreira científica! Nunca deixe que alguém o faça abandonar suas principais aspirações.

6 de abril

É sensato ser cauteloso. Só quem é tolo não tem cautela. Mas dar ouvidos a seus próprios receios quando se está procurando um caminho é coisa bem diferente. Pense com cuidado, mas consulte suas convicções e não seus receios — e você terá resultados bem melhores na vida.

7 de abril

Não é necessário e talvez nem seja bom que todo mundo goste de você. Essa idéia pode torná-lo um molenga da pior espécie. Você ficará fraco, desinteressante, sem caráter. Talvez o maior elogio ao Presidente Grover Cleveland, dos EUA, tenha sido feito na ocasião de sua indicação pela Convenção do Partido Democrata, quando o orador que anunciou seu nome disse: "Nós o amamos pelos inimigos que conquistou."

8 de abril

Um dos problemas dos nossos dias é como impedir que os jovens da nova geração sofram os efeitos de uma civilização que se dedicava a perseguir o luxo e evitar o esforço. Há cem anos, havia lenha para ser cortada, água para ser carregada, animais para serem alimentados. Agora, não há mais. Estamos correndo o risco de roubar de nossos filhos sua maior herança: a luta.

9 de abril

Você nunca precisa contentar-se com o que é. Você pode ser uma nova pessoa. Tenho visto pessoas mudarem — derrotados tornarem-se vitoriosos, pessoas lerdas tornarem-se agitadas, pessoas sofrendo mudanças maravilhosas. Não fomos simplesmente criados: podemos ser recriados.

10 de abril

Quanto mais conheço as pessoas, mais me impressiono com a surpreendente capacidade delas para enfrentarem situações difíceis. A capacidade de recuperação é fantástica. Existe uma capacidade de recuperação inata dentro de você que nunca deve ser subestimada.

11 de abril

Quando jovem, ouvi um grande orador dizer: "Você pode fortalecer seu ponto mais fraco." Como ocorre no ato da solda, o ponto partido fica mais forte quando se aplica o calor. Da mesma forma, o pensamento e a intensidade da fé podem fortalecer os pontos fracos da personalidade. É surpreendente o que uma pessoa é capaz de fazer consigo mesma, se usar a criatividade.

12 de abril

Nunca se autodeprecie. Acredite em você, considere-se não com egoísmo, mas com uma autoconfiança modesta e sensata. Pare de remoer o passado. Deixe-o para trás. Viva com entusiasmo. A partir de hoje, faça isso da melhor forma possível. Dê tudo o que tem e verá que tem muito.

13 de abril

Se você fracassou, a primeira coisa a fazer é esquecer. A segunda é não se acomodar, nunca aceite um fracasso. Então, analise o que aconteceu. Extraia toda experiência possível. Jamais diga: "Bem, eu fracassei, o que significa que não sou capaz de fazê-lo. Não vou tentar de novo." Esse tipo de pensamento vai desenvolver em você a psicologia do fracasso e o transformará numa pessoa fracassada. Peça a ajuda de Deus para fazer melhor da próxima vez e persista até conseguir tornar-se uma pessoa vitoriosa.

14 de abril

Muitas pessoas que têm medo encontram alívio e conforto praticando a coragem e a confiança. Essas duas atividades mentais positivas — coragem e confiança — expulsam o medo; elas fazem com que coisas maravilhosas aconteçam. Contudo, todas três — confiança, coragem e medo — são resultado do tipo de pensamentos que se tem. O clima mental de uma pessoa determina se ela terá confiança, mesmo em situações sem esperança, e coragem mesmo em situações assustadoras. Pense corajosamente e aja corajosamente. Imagine-se uma pessoa confiante e aja com confiança. Sua forma de pensar, agir e imaginar tem o poder de transformá-lo.

15 de abril

Quando pediram a um amigo para explicar sua indiferença às críticas, ele respondeu:
— O que acontece quando uma pessoa aponta o dedo para você? Aponte seu dedo para mim agora.
Perplexo, apontei o indicador para ele.
— Agora, para quem os outros três dedos estão apontando?
— Por quê? Estão apontando para mim! — exclamei.
— Isso mesmo — concluiu ele, triunfantemente.
— Ganha de uma pessoa que me critica por três a um!

16 de abril

Um exercício importante para se ter um bom dia é acordar com criatividade todas as manhãs. Isto pode ser cultivado e desenvolvido tão eficazmente a ponto de garantir bons dias todos os dias. Ao levantar-se de manhã, mentalize o bom dia que deseja e acredite nele. Tenha-o bem claro na mente. Afirme vigorosamente o bom dia que terá. Então faça dele um bom dia.

17 de abril

As seguintes palavras estão inscritas num relógio de sol no *campus* da Universidade Mount Holyoke: "Para quem vê mais, a escuridão é luz." Talvez a morte seja apenas uma sombra momentânea. Atrás dela, esperando, está o esplendor da vida eterna, os melhores de todos os dias.

18 de abril

Tenha cuidado com a psicologia do fracasso. Uma experiência em que você não se saia muito bem pode abalar sua autoconfiança, e se você não tentar de novo logo, a psicologia do fracasso pode tomar conta e congelar sua mente. Então, quando você fracassar, levante-se rapidamente e enfrente o próximo desafio. Não dê tempo ao fracasso para se desenvolver em sua consciência.

19 de abril

Os pensamentos mais vitais, criativos e positivos são os expostos na Bíblia. Suas palavras têm vida e formam processos mentais influentes. A própria Bíblia relata o que suas palavras inspiradas farão: "Se permanecerdes em mim, e as minhas palavras permanecerem em vós, pedi tudo o que quiserdes, e ser-vos-á concedido." (João 15, 7)

20 de abril

As dificuldades podem ser, e geralmente são, bênçãos disfarçadas. Horácio, o grande romano, disse: "As dificuldades trazem à tona talentos que em circunstâncias mais felizes permaneceriam adormecidos." E segundo Benjamin Disraeli, estadista e escritor inglês: "A melhor educação desta vida são as dificuldades."

21 de abril

Quando surgirem as grandes dificuldades, tenha clara e obstinadamente no espírito que com a ajuda de Deus você pode dirigir seus poderes de concentração, razão, autodisciplina e imaginação. E nunca se esqueça de que você realmente possui o poder de opor-se a determinadas circunstâncias. Dessa forma, você vencerá.

22 de abril

Uma mulher de negócios bem-sucedida entrega todos os seus dias a Deus. Segundo ela, dessa forma nada pode decepcioná-la, porque, aconteça o que acontecer, estará dentro dos planos e da vontade d'Ele.

23 de abril

Tenho observado muitos atletas brilhantes. Os que eram realmente bons tinham uma qualidade em comum: *o entusiasmo*. Essa disposição de espírito ajudou-os a melhorar seus bons resultados até se transformarem em verdadeiros ases do esporte. Ela também pode ajudá-lo.

24 de abril

Lembro-me, nos meus tempos de colégio, de um quadro que havia numa sala de aula que retratava uma praia deserta, a maré baixa e um barco encalhado na areia. Poucas coisas são mais deprimentes do que um barco encalhado por causa da maré baixa. A legenda embaixo do quadro dizia: "Lembre-se, a maré sempre volta." Há um fluxo e refluxo nas vicissitudes da vida humana. Não desista nunca, nem mesmo quando tudo estiver dando errado e você não estiver agüentando mais. A maré vai mudar.

25 de abril

Em Quioto, no Japão, há um santuário famoso por seu jardim de pedras. Há séculos, 15 pedras de diferentes tamanhos e formatos estão num jardim onde a areia é cuidadosamente tratada. Segundo a tradição, as pedras representam os 15 problemas principais da humanidade — cada pessoa especifica os seus. Mas não se podem ver todas as pedras ao mesmo tempo. A mensagem que tirei das enigmáticas pedras de Quioto é que não se pode nem se deve tentar refletir, e muito menos resolver, todos os problemas de uma só vez. Em vez disso, as pessoas devem fazer um esforço mental para se concentrar em apenas um problema e tentar resolvê-lo, deixando os demais para depois. Dessa forma, há mais força mental para ser utilizada.

26 de abril

Todas as ações, boas ou más, começam em algum lugar. Elas são controladas mais facilmente no princípio. Se você parar o pensamento que leva a uma ação desonesta, vai estar bloqueando a própria ação.

27 de abril

O Reino de Deus está dentro de você — dentro de todo homem. É a dádiva de Deus para toda a humanidade, basta querer encontrá-la.

28 de abril

Os negócios de um determinado homem fracassaram duas vezes: uma, durante uma crise econômica, e a outra quando um sócio levou-o à falência. Por duas vezes, ele foi forçado a trabalhar para pagar suas dívidas. Mas vocês pensam que isso o perturbou? De jeito nenhum.
— O fracasso é justamente o outro lado do sucesso — disse ele. — Com a ajuda de Deus, descobri que sempre é possível mudar o rumo das coisas. Tenho fé em Deus e em mim mesmo.

29 de abril

Se você não gosta de uma pessoa, ou vice-versa, e faz alguma coisa para ela, isto pode, algumas vezes, aumentar a antipatia que ela sente por você, porque ela passa a sentir que lhe deve um favor. Ela pode, inclusive, considerar sua atitude como protetora. Mas, ao invés disso, se você a encorajar a fazer alguma coisa para você, ela vai sentir-se lisonjeada apesar da antipatia que sente, e a opinião que tem a seu respeito vai melhorar, uma vez que você demonstrou respeitar sua capacidade e tratou-a com consideração.

30 de abril

Tenho um amigo, Harry, que adora cachorros. Whiskers, seu cachorro predileto, acompanha-o a todos os lugares. Certa vez, Harry teve que ir a uma cidade vizinha a negócios. Escreveu para o hotel perguntando se podia levar o cachorro e recebeu a seguinte resposta:

Prezado Senhor,
Sem dúvida alguma, traga seu cachorro Whiskers com o senhor. Os cachorros são muito bem-vindos neste hotel. Nunca tive que expulsar um cachorro indisciplinado no meio da noite. Um cachorro jamais ficou bêbado e deixou meus móveis de pernas para o ar. Nenhum cachorro jamais pegou no sono com um cigarro aceso e botou fogo no colchão, nem deixou marcas de copos nas cômodas. Até hoje, nunca encontrei uma toalha ou um cinzeiro na mala de um cachorro. Por isso, traga seu cachorro.
P.S. O senhor pode vir também, se o cachorro responsabilizar-se pelo senhor.

MAIO

1º de maio

Havia feito um discurso para um grande e amistoso grupo de pessoas, e entre elas estava um sobrinho meu, Philip Henderson. Mais tarde, ele me disse: "O senhor não estava num dos seus melhores dias. Não foi bom o suficiente. Não deu tudo de si, não se esforçou, quis apenas cumprir sua obrigação. O senhor deve sempre fazer o melhor que pode." Foi uma sábia avaliação feita por uma pessoa que me ama realmente, e é esse tipo de amor que nos incentiva a dar sempre o melhor de nós.

2 de maio

Um amigo tem seis preciosos e sábios conselhos que repete quase diariamente. O primeiro é de Cícero: "Para viver mais, viva devagar." O segundo é de Confúcio: "O caminho de um homem superior é triplo: a virtude livra-o da ansiedade; a sabedoria livra-o da perplexidade; a confiança livra-o do medo." O terceiro conselho é de Robert Louis Stevenson: "Monte à vontade na sela da vida." O quarto, são as famosas palavras de Santa Teresa: "Não deixe que nada o perturbe, que nada o amedronte; tudo passa, exceto Deus; e Ele sozinho é suficiente." O quinto, de Isaías: "...na tranqüilidade e na confiança estaria a vossa força" (Isaías 30, 15). E o último e mais importante, as palavras de Jesus: "...Deixo-vos a paz, a minha paz vos dou; não vo-la dou como o mundo dá. Não se perturbe nem se intimide o vosso coração." (João 14, 27)

3 de maio

O famoso engenheiro Charles F. Kettering disse: "Não estou interessado no passado. Só me interessa o futuro, porque é nele que espero passar o resto da minha vida."

4 de maio

Certa vez, num restaurante, perguntaram a Henry Ford quem era seu melhor amigo. Ford pensou por um momento, pegou uma caneta e escreveu na toalha em letras grandes: "O melhor amigo é aquele que descobre o que há de melhor em você."

5 de maio

Existem dentro de você coragem e força inatas para enfrentar as coisas — qualquer coisa. Sua espinha dorsal é a melhor proteção que você pode ter. Isto é, fique de pé, bem ereto, e enfrente as dificuldades com fé em si mesmo.

6 de maio

Uma família faz anualmente uma "queima de pensamentos tristes". Cada pessoa joga num vaso pedaços de papel onde escreveram coisas que querem esquecer. Ficam olhando seus pensamentos tristes serem queimados e reduzirem-se a cinzas. Isto os ajuda a esquecê-los.

7 de maio

O General Stonewall Jackson foi abordado por um general que servia sob seu comando, um homem medroso, que admitiu ter sérias dúvidas a respeito do ataque militar planejado.
— General Jackson — disse ele — estou com medo disso. Estou com medo de que não dê certo.
O General Jackson respondeu:
— General, nunca peça conselhos a seus medos.

8 de maio

Um médico fala sobre um paciente que havia morrido de "rancorzite" — rancor cultivado durante muito tempo por uma pessoa. É saudável livrar-se do rancor; ele raramente atinge a outra pessoa, mas pode fazer a pessoa que o sente adoecer.

9 de maio

Charles Clifford Peale, meu pai, sempre me disse, e na verdade foi uma das últimas coisas que falou antes de morrer:
— Sempre confiei em você. Você nunca me decepcionou. Lembre-se, os Peales nunca desistem.

Embora nem sempre tenha seguido o conselho de meu pai, uma coisa é certa — tal conselho sempre me ajudou nos momentos em que comecei a fraquejar.

10 de maio

Só existe uma força maior do que o medo: a fé. Quando começar a sentir medo, combata-o imediatamente com uma afirmação da fé. Pense positivamente, visualize uma conquista. Nunca tenha dúvida. Pense sempre com fé.

11 de maio

Nunca se conforme com um fracasso. Ao fazer isso, você abala sua autoconfiança. Quando um acrobata falha, ele tenta novamente e, de fato, se for necessário, deixa o público esperando por alguns minutos, até fazer a acrobacia direito. Ele não sairá do picadeiro antes disso. Se o fizesse, estaria aceitando o fracasso, e da próxima vez que fosse fazer uma acrobacia ficaria com medo, não teria certeza se seria capaz de executá-la, e provavelmente fracassaria.

12 de maio

A palavra-chave do fracasso é "se". Se isso não tivesse acontecido! Se eu tivesse feito diferente. Se...se! Mude a palavra-chave. Tire o "se" de sua mente. Coloque uma nova palavra, ou frase, imagine-a trancada em algum lugar de sua mente. Ela pode anular o pensamento negativo. Ao invés de "se", diga "da próxima vez... da próxima vez... da próxima vez".

13 de maio

Um homem disse:
— Já tive medo, mas agora não tenho mais, pois descobri cinco palavras que me ajudam: *Guia:* Deus me guia em tudo. *Graça:* Deus faz por mim o que eu mesmo não posso fazer. *Coragem:* coragem pura e simples. *Iniciativa:* a velha iniciativa americana. E a mais importante de todas: *Deus.*

14 de maio

No livro *The Unobstructed Universe*, Stewart Edward White afirma que, quando as pás de um ventilador elétrico estão paradas ou movendo-se devagar, não é possível ver através delas. Mas quando o ventilador está funcionando na velocidade máxima, pode-se ver através de todos os pontos do círculo formado pelas pás, porque elas atingiram uma freqüência mais alta.

Não é compreensível que nesse momento em volta de nós, nesse misterioso universo, estejam aqueles que amamos e perdemos por algum tempo, mas que em raros momentos vislumbram-nos através da barreira, quando nossa freqüência espiritual está sintonizada com algum deles que esteja numa freqüência mais alta?

15 de maio

Tenho um amigo que é um famoso jogador de beisebol, com a excelente média de acertos de 31,5% das rebatidas. No início da temporada, ouvi dois tempos* de um jogo no rádio, e fiquei espantado quando ele errou uma de suas séries de rebatidas. Encontrando-me com ele mais tarde naquele mesmo dia, disse-lhe como ficara triste com seus erros.

— Ah — respondeu. — Fui novamente eliminado no oitavo tempo.

— Duas vezes? O que está acontecendo com você? — perguntei, ansioso.

— Nada — respondeu ele despreocupado. — Eu me consolo com a lei das médias. Para rebater uma média de 31,5%, como eu, o jogador erra sua série cerca de 90 vezes por temporada. Assim, quando hoje perdi duas séries, quer dizer que só faltam 88 vezes este ano.

16 de maio

Algumas pessoas acham que podem mudar e melhorar sua situação simplesmente mudando de um lugar para outro. "Estou cansado desse trabalho. Não estão aproveitando meu talento. Não me dão o devido valor

---

* Uma partida de beisebol é dividida em nove tempos (*innings*). (*N. da T.*)

aqui. Acho que vou procurar outro emprego." Essas afirmações geralmente nascem de ilusões. Algumas vezes, as pessoas fazem isso principalmente porque estão cansadas não apenas do emprego, mas delas mesmas. Provavelmente, nada vai mudar para elas a não ser que mudem de atitude primeiro. Então não vão precisar fugir.

17 de maio

Bolsos vazios nunca impediram as pessoas de terem sucesso. Cabeças e corações vazios é que as impedem.

18 de maio

Faça o melhor que você pode, confie no Senhor, sirva-O, tenha Deus com você, ame as pessoas, cumpra suas obrigações, seja honesto, viva sensatamente, pense corretamente e você viverá em paz consigo mesmo.

19 de maio

Todo dia, de preferência no meio da tarde, quando costuma haver aquele desânimo, tente repetir: "É nele, com efeito, que temos a vida, o movimento e o ser..." (Atos 17, 28), enquanto isso visualize-se ligado à rede elétrica espiritual. Afirme que a energia criativa de Deus está revigorando todas as partes do seu corpo, de sua mente e de sua alma com força, energia e saúde.

20 de maio

Seus pensamentos podem cansá-lo — pensamentos de cansaço, medo, ansiedade ou ressentimento. Mas quando você tem pensamentos esperançosos, confiantes, positivos e benevolentes, forma-se um fluxo constante de energia. Não tenha pensamentos cansados, tenha pensamentos ativos.

21 de maio

É difícil concentrar-se num pensamento criativo. Mas somos capazes de fazê-lo. Nunca devemos desistir durante um pensamento — as soluções para os problemas virão. Mas deve-se fazer esforço para isso. Como observou Leonardo da Vinci, Deus nos dá tudo "se fizermos um esforço".

22 de maio

Certa vez, perguntei ao Presidente Dwight D. Eisenhower quem era o maior de todos os grandes homens que ele havia conhecido. Sua resposta imediata foi:
— Não foi um homem. Foi uma mulher... minha mãe. Tinha pouca instrução, sua educação e sabedoria vieram de um longo estudo da Bíblia. Quantas vezes já desejei poder consultá-la. Uma noite, estávamos jogando cartas, minha mãe, meus irmãos e eu. Não estávamos usando cartas verdadeiras mas sim um desses baralhos de brinquedo... mamãe era extremamente rigorosa. As cartas foram distribuídas e recebi cartas ruins. Comecei a reclamar.
— Abaixem suas cartas, meninos — disse mamãe. — Dwight, isso não passa de um passatempo familiar entre pessoas que amam você. Mas no mundo lá fora, onde não há tanto amor, você também perderá. Por isso deve aprender a aceitar sem reclamar as cartas que a vida lhe dá. Você tem que jogar com elas.

23 de maio

A pessoa controlada é uma pessoa poderosa. Quem mantém a cabeça fria vai longe. É surpreendente o número de pessoas que arruinaram suas carreiras por falta de controle emocional.

24 de maio

O calor mental e espiritual criado pelo entusiasmo pode acabar com a apatia trazida pelo fracasso em qualquer indivíduo, e liberar qualidades pessoais até então adormecidas ou mesmo desconhecidas. O presidente de uma grande empresa afirma:
— Se estou na dúvida entre dois homens de capacidades iguais e um deles tem entusiasmo, sei que este irá mais longe do que o outro, porque o entusiasmo é uma força liberadora. O entusiasmo é contagiante, passa para tudo que está em volta.

25 de maio

A morte física é um degrau de transição no processo da vida plena. A alma, que não morre, tendo-se desligado do corpo material, vai para um estágio mais elevado da vida, onde cresce em circunstâncias muito elevadas.

26 de maio

Imagine-se olhando para todas as suas dificuldades alinhadas na sua frente como um exército. Ao defrontar-se com esse exército de desânimo, frustração, decepção, hostilidade e fraqueza, afirme: "Se Deus está conosco, quem estará contra nós?" (Romanos 8,

31) Saiba que Deus está com você e a Sua força é maior do que qualquer obstáculo. Visualize esses inimigos batendo em retirada, recuando diante da força divina.

27 de maio

Se você esperar sempre o melhor, estará entregando todo seu coração e mente ao que deseja obter. As pessoas não são derrotadas na vida por não terem capacidade, e sim por não terem esperança e convicção.

28 de maio

É sempre bom lembrar que perder uma, duas ou três batalhas não significa que a guerra está perdida. Com a ajuda de Deus, você pode enfrentar qualquer contratempo ou derrota, reunir suas forças e vencer a guerra.

29 de maio

Uma coisa que ajuda nos momentos de desânimo é pegar papel e lápis e fazer uma lista de tudo o que tem — tudo o que você tem procurado conseguir. Ficará surpreso com o que tem, quando parar de pensar no que não tem.

30 de maio

Um médico me disse que viu muitas pessoas morrerem, não por causa de problemas orgânicos, mas por terem perdido o entusiasmo, a vontade de viver. Se elas tivessem conservado o gosto pela vida que o entusiasmo traz, poderiam ter superado os problemas físicos que lhes tiraram a vida. O entusiasmo é um elixir da vida.

31 de maio

Então você cometeu um erro? E quem não comete? Talvez ache que seja um erro muito grave. Sempre gostei da seguinte passagem de Grove Patterson, um famoso jornalista:

> *Um garoto...recostado na grade de uma ponte via o rio passar lá embaixo. Às vezes, a correnteza passava mais rapidamente e depois bem devagar, mas o rio fluía sempre sob a ponte. Olhando o rio naquele dia, o garoto descobriu algo. Não foi uma descoberta material, que pudesse ser tocada. Ele nem ao menos podia vê-la. Descobrira uma idéia. De súbito, e ainda assim calmamente, descobriu que tudo nessa vida vai, algum dia, passar sob a ponte e será levado como a água... A partir de então, passou a não se preocupar excessivamente com os seus erros e com certeza não deixou que eles o desanimassem, porque nada mais eram do que água sob a ponte.*

JUNHO

1º de junho

A fé pode aliviar as circunstâncias esmagadoras da vida. A mente positiva não tem limites. Ela tem uma força extra para resolver problemas. As pessoas que têm um grande coração e uma grande mente não precisam ter medo do que pode vir a acontecer, porque esses corações e mentes determinam o futuro.

2 de junho

Deus, que nos criou, recria-nos continuamente. Se cooperarmos, Ele nos encherá de vida nova, uma força imensa e um poder adequado. Você pode ter energia inesgotável, se imaginar-se sendo constantemente recriado.

3 de junho

Esteja certo de uma coisa: para viver bem sua vida, você precisará superar a propensão ou a tendência ao erro. É o erro que nos traz problemas. Todos os nossos fracassos e erros se devem a essa tendência. Mas a honestidade traz bons resultados e pode ser cultivada.

4 de junho

A. Harry Moore, um menino pobre que veio a ser governador de New Jersey por três mandatos, começou cedo sua luta para fazer carreira. Muitas vezes ficava desanimado e dizia para sua mãe:
— Mamãe, estou desanimado. Quero fazer alguma coisa e ser alguém, mas sinto que não sou capaz. Além disso, não temos dinheiro nem influência.

Sua mãe respondia com franqueza:
— Você é capaz. Só precisa de Deus e de iniciativa.
Essa é uma boa fórmula: Deus e iniciativa.

5 de junho

O que fazer quando se está sentindo ferido? Coloque imediatamente um bálsamo no local ferido. O melhor remédio é o perdão. Abra completamente sua mente e drene todos os ressentimentos. Drene-os até que não reste um só vestígio em seus pensamentos. Suas feridas vão cicatrizar rapidamente.

6 de junho

Para fazer com que um dia seja bom, visualize-o em sua mente. Tornamo-nos o que pensamos. Os acontecimentos de nossa vida, bons ou maus, são governados por nossas mentes. Acostume-se a pensar em bons dias e já será meio caminho andado para tê-los.

7 de junho

Henry Thoreau, o filósofo americano, ao acordar de manhã, ficava deitado pensando em todas as boas coisas de que podia lembrar-se: que ele tinha um corpo saudável, que sua mente era ativa, que seu trabalho era interessante, que o futuro parecia brilhante, que as pessoas acreditavam nele. Depois de algum tempo, ele se levantava para encontrar o dia num mundo cheio de coisas boas, pessoas boas e boas oportunidades.

8 de junho

Todos os dias não podem ser fáceis ou totalmente felizes; mas mesmo um dia árduo e difícil pode ser um bom dia. Robert Browning sabia disso, quando escreveu o seguinte:

*"Como o problema não parasse de aumentar,
concluí que uma estrela estava para nascer."*

9 de junho

Imagine seu corpo perfeito. Não o visualize enfraquecido ou se deteriorando. Acostume-se a parar de procurar fracassos. Pense positivamente sobre seu físico. Tenha pensamentos saudáveis, nunca doentes. Isso é importante porque as imagens mentais tendem a se reproduzir na realidade.

10 de junho

Na parede da sala de jantar de uma estalagem de 400 anos, em Saint-Moritz, li a seguinte inscrição: "Quando você está totalmente sem esperança, um pequeno raio de luz surge de algum lugar." Você pode achar que sua mente está sombria e sem esperança, mas Deus Todo-Poderoso, o Criador, deu-lhe esperança, uma esperança inabalável. Se a escuridão se estabeleceu no fundo de sua mente, abra seus pensamentos e deixe entrar aquele "pequeno raio de luz (que) surge de algum lugar".

11 de junho

Gosto de citar Henry Ford. Quando ele estava com 75 anos, perguntaram-lhe o segredo de sua saúde e paz de espírito. Sua resposta foi a seguinte:
— Três regras: não como muito, não me preocupo muito, e se faço o melhor que posso, acredito que o que acontecer, acontecerá para o meu bem.

12 de junho

Os membros de uma instituição filantrópica de uma cidade saíram às ruas para dar um dólar a cada pessoa que parecesse feliz. No final do dia, só haviam conseguido dar trinta e três dólares. Talvez a vida nas cidades esteja se tornando tão impessoal que as pessoas acabam por sentir-se insignificantes, escondem-se em suas conchas, carrancudas, sem sorrir. Mas um rosto sereno e feliz é uma bênção para as pessoas que passam e para a própria pessoa!

13 de junho

Ernest Hemingway escreveu sobre um comandante da Guerra Civil Espanhola que "nunca admitia que tudo estava perdido e, mesmo que estivesse, ainda assim continuava lutando". As pessoas determinadas são assim. Vão sempre em frente, não importa o que aconteça. Essa determinação traz coragem, força, vitalidade, energia. De alguma forma, essas pessoas conseguem vencer todo e qualquer tipo de dificuldade.

14 de junho

O segredo de todo relacionamento humano é a paciência.

15 de junho

O cartão de visitas de um amigo fornece seu nome, empresa, endereço — todas as informações habituais. No verso, pode-se ler a seguinte mensagem:

Para conseguir a Felicidade: não tenha ódio no coração. Não se preocupe. Viva de forma simples, espere pouco, dê muito. Encha sua vida de amor. Espalhe alegria. Esqueça-se de si, pense nos outros. Faça aos outros o que gostaria que fizessem a você. Tente fazer isso por uma semana e vai surpreender-se.

16 de junho

Não acreditamos em imortalidade porque não podemos prová-la, mas tentamos prová-la porque não podemos deixar de acreditar nela. Na verdade, o instinto que nos diz que é verdade é uma das maiores provas de sua veracidade. Quando Deus quer convencer Seus filhos de alguma coisa, semeia uma idéia no instinto deles. O instinto da imortalidade é tão universal que seria impossível o universo encará-lo com indiferença. O que desejamos ardentemente, o que sentimos profundamente deve, com certeza, refletir um fato básico da existência.

17 de junho

Numa ruazinha cheia de curvas de Kowloon, passei por uma loja onde se faziam tatuagens. Na janela, havia algumas sugestões: uma sereia, uma bandeira e o lema "Nasci para perder." Fiquei tão surpreso com a última

sugestão que entrei na loja e perguntei ao homem se alguém alguma vez havia tatuado aquelas palavras.
— Algumas pessoas — respondeu ele. E depois acrescentou sabiamente, num inglês mal falado: — Antes da tatuagem no corpo, tatuagem na mente.

18 de junho

"Fomos salvos em esperança." Esse fragmento de uma passagem dos Romanos 8, 24 pode significar muitas coisas. Se nossa esperança reflete nossa fé em Deus, estamos salvos para a eternidade. Se tivermos esperança na vida, livramo-nos de muitas derrotas e fraquezas. Guarde essa passagem em sua mente: "Fomos salvos em esperança."

19 de junho

Quando entrei para o time dos avôs, percebi como os tempos haviam mudado. Quando era menino, os avôs, a meus olhos infantis, estavam com o pé na cova. Mas dê uma olhadela nos avôs hoje em dia. Formam um grupo bastante jovial. E realmente eles têm de ser assim para não ficarem atrás das avós.

20 de junho

Pense com alegria, fale com alegria, exercite a alegria, compartilhe a alegria, e você se divertirá a valer hoje e todos os dias de sua vida.

Inverno

Muita gente não gosta do inverno. Apenas o suporta. Outros fogem dele, e procuram climas mais quentes, onde poderão dourar-se ao sol entre as palmeiras na areia de alguma praia. Os seguidores do eterno verão e os devotos das temperaturas mais altas perderam há muito a consciência das ásperas delícias do inverno.

Mas alguns de nós somos amantes devotos das quatro estações. Sua mudança faz parte de nosso estilo de vida, e, se às vezes reclamamos da neve e do frio, na verdade não nos incomodamos tanto assim com o inverno e, por incrível que pareça, até gostamos dele.

Uma noite de verão pode ser arrebatadoramente bela e envolvente, mas o mesmo pode ser dito de muitas noites de inverno. São noites límpidas, cristalinas e frias, com estrelas cintilando no céu e um luar tão intenso que chega a rivalizar com a luz do dia. O colorido esfuziante do verão pode estar além de nossa capacidade de descrevê-lo, especialmente se evocarmos as fragrâncias exóticas que as flores desprendem à noite, mas a sobriedade do inverno também pode ser bela.

Há pouco tempo, voltando de um passeio vespertino de inverno em nossa casa de campo, eu e minha mulher paramos ao mesmo tempo, extasiados com a beleza da cena que contemplávamos. Nossa casa, no alto da colina, destacava-se em branco contra o fundo azul do céu, sua fachada brilhando à luz do sol poente. Havia uma espessa camada de neve sobre o solo, cobrindo também as árvores e as moitas. As cercas brancas estendiam-se até desaparecer no horizonte, ao lado de fileiras de árvores gigantescas, negras contra a brancura que recobria as colinas. Longos raios de luz dourada banhavam as pastagens cobertas de neve, e aos poucos caiu a fria e severa noite de inverno. Era uma beleza em preto e branco, com toques de dourado.

Os silêncios do inverno também têm seu apelo para a mente reflexiva. Ficar quieto e imóvel em meio a um bosque no inverno até que o silêncio palpável faça-se sentir é, em um sentido profundo, atingir a unidade com a essência da vida. E o inverno é propício a esse silêncio, com a completa e inacreditável quietude da natureza à nossa volta.

Mas a mudança incerta da primavera, a plenitude do verão, a glória flamejante do outono ou o frio disciplinador do inverno, o bom Deus fez as estações do ano para todos nós.

21 de junho

Como uma pessoa pode conseguir uma promoção no emprego? Sugiro sete regras:
1 — Dedique-se totalmente a fazer bem seu trabalho.
2 — Não pense em ser promovido; preocupe-se apenas em ser competente no momento.
3 — Trabalhe com afinco.
4 — Comece a trabalhar cedo e vá até tarde.
5 — Estude, estude, estude até aprender as técnicas.
6 — Mate-se de trabalhar.
7 — Tente evitar um enfarte.

22 de junho

Durante a Guerra de Secessão, um homem pernoitou na Casa Branca, em Washington. No meio da noite, acordou subitamente e pensou ter ouvido a voz de Lincoln, como se estivesse sentindo dor, em algum lugar por ali. Pulou da cama e saiu para o corredor mal-iluminado, andando devagar em direção à voz. Chegou a uma porta que estava entreaberta. Ao espiar pela porta, viu a figura magra de Lincoln prostrado no chão rezando, os braços esticados. Lincoln rogava humildemente que Deus lhe desse forças para lutar contra sua incapacidade. Sabia que precisava da grande dádiva de Deus —"Dou-lhes a minha paz" — assim ele compreendeu e rezou por isso com toda fé.

23 de junho

Certa vez, o psiquiatra Smiley Blanton disse: "Não importa o que aconteça a uma pessoa, ela ainda terá dentro de si muitas áreas ilesas." Isto é, sem dúvida, uma opinião encorajadora a respeito da nossa capacidade inata de recuperação. Você tem enormes áreas intocadas dentro de si! Não importa o que a vida tenha feito, o que você tenha feito; a força de renovação está dentro de você. Se usa a força espiritual para amparar essas áreas ilesas, você pode reconstruir a vida, não importando o que tenha acontecido com ela.

24 de junho

Conversando com Herbert Hoover em seus últimos anos de vida, perguntei-lhe como havia conseguido enfrentar todas as críticas hostis e o rancor que lhe foram dirigidos durante os últimos meses na Casa Branca. Ele disse: "Sou um quacre, sabe...", e lembrou-me que os quacres são ensinados desde a infância a praticar e desenvolver a paz interior. "Quando se tem paz interior, as experiências difíceis não conseguem esmagá-lo."

25 de junho

Deus deve realmente estar interessado em que tenhamos corpos fortes e saudáveis — pois a Bíblia não diz que o corpo é o templo da alma?

26 de junho

Quando você dá o melhor de si e alguma coisa frustrante acontece, ao invés de sentir-se desanimado, examine o que interferiu. Isso pode fazê-lo progredir. Thorvaldsen, o famoso escultor dinamarquês, olhou com satisfação para uma imagem do Cristo que havia feito de barro. O rosto olhava para o céu e os braços estendiam-se para o alto naquela direção. Era a imagem imperiosa de um conquistador. À noite, a bruma do mar penetrou em seu estúdio, o barro amoleceu, a cabeça e os braços abaixaram-se. Thorvaldsen ficou extremamente frustrado. Mas, quando estudou a imagem, alguma coisa nela comoveu-o profundamente. Agora, Cristo olhava para baixo com amor e compaixão. Era uma concepção muito mais poderosa. Essa estátua, *Vinde a Mim*, tornou-se imortal.

27 de junho

Irmão Lawrence, homem santo da Idade Média, era humilde, cozinheiro e grande inventor. Seu segredo da boa vida era o exercício da presença de Deus. Acreditava que a qualquer hora do dia ou da noite, em quaisquer circunstâncias ou condições, o Senhor estava realmente presente.

28 de junho

A única maneira de se livrar de um pensamento ou de um determinado tipo de pensamento é através da substituição — isto é, colocando um pensamento no lugar do outro e fazendo, assim, sua substituição ou mudança. Se você tem em mente um pensamento de derrota, desânimo, frustração ou qualquer pensamento negativo, experimente substituí-lo. Abra sua mente e substitua o pensamento negativo por um positivo. Esse tipo de condicionamento do pensamento pode mudar sua vida.

29 de junho

O desânimo afasta a prosperidade. Esta foge dos pensamentos negativos, desviando-se das mentes cheias de pessimismo e dúvidas. Por isso, tenha pensamentos felizes e atraia a prosperidade. Tome cuidado para não ter pensamentos negativos e espantar a prosperidade. Pense com plenitude e incentive a abundância.

30 de junho

Eis aqui uma dieta mental para cinco dias. É bom para ter uma mente sadia e vai ajudá-lo a ter bons dias todos os dias.
Primeiro dia: *Não pense mal dos outros — só bem.*
Segundo dia: *Interprete da melhor forma possível o comportamento das pessoas que encontrar ou que se relacionarem com você.*
Terceiro dia: *Transmita pensamentos bondosos para todas as pessoas com quem entrar em contato ou das quais se lembrar.*
Quarto dia: *Tenha pensamentos esperançosos sobre todas as coisas. Elimine imediatamente qualquer pensamento desencorajador de sua mente.*
Quinto dia: *Pense na presença de Deus durante o dia todo.*

JULHO

1º de julho

O que é esperança? É desejar que alguma coisa aconteça — fé é acreditar que vai acontecer. Ter esperança é querer tão ardentemente alguma coisa que, apesar de todas as evidências de que não se vai conseguir o que se deseja, continua-se esperando. O mais extraordinário é que o simples ato de ter esperança dá forças à pessoa.

2 de julho

Há um gigante espiritual dentro de cada um de nós, dizendo que não precisamos continuar escravos da fraqueza ou vítimas de limitações frustrantes. O gigante no seu íntimo está sempre lutando para sair da prisão em que você o colocou. Por que não libertá-lo hoje?

3 de julho

Atribuem a Thomas Edison um comentário curioso: "A principal função do corpo é carregar o cérebro." O que quer dizer que você é o que pensa e sua vida é determinada pelo que se passa em seu cérebro. Ele é o centro do pensamento, da memória, dos sentimentos, emoções, sonhos, orações e fé. Em resumo: é o centro criativo e orientador do indivíduo. O corpo pode envelhecer, ficar fraco, ficar inválido; mas enquanto o cérebro estiver funcionando bem, você continuará a viver.

4 de julho

Certa vez, Winston Churchill fez uma palestra para os meninos da Harrow, escola em que estudara. Chamou a atenção para a importância das pessoas acreditarem que podem vencer. "Nunca, nunca, nunca, nunca desistam", disse ele aos meninos. Repetiu a palavra "nunca" quatro vezes. Churchill deu àqueles meninos o segredo do sucesso: Nunca desistir.

5 de julho

Uma pessoa que tem pensamento positivo não se recusa a reconhecer o negativo, ela se recusa a pensar nele. O pensamento positivo é uma forma de pensamento que costuma buscar os melhores resultados das piores condições.

6 de julho

O diretor de um hospital universitário disse certa vez:
— Quando uma pessoa fica doente, ela devia mandar chamar o pastor, o padre ou o rabino, assim como manda chamar o médico.

Ou seja, o doente pode ser ajudado de duas formas: através da medicina e da cirurgia, e através da fé e da oração.

7 de julho

Deus estará a seu lado em todas as circunstâncias de sua vida para ajudá-lo, seja qual for o problema. Ele entende todos os seus problemas, todas as suas frustrações e decepções. Compadece-se da sua fraqueza. Ele o ama.

8 de julho

Um homem idoso apareceu num programa de televisão de grande audiência. Havia recebido um prêmio por ter ganho um concurso. Monopolizou as atenções com seu espírito exuberante e raciocínio rápido.

— É fácil notar — observou o apresentador, admirado — que o senhor é um homem muito feliz. Qual o segredo dessa felicidade? Conte para nós.

— Por que, filho? — respondeu o velho. — É tão óbvio quanto esse nariz no seu rosto. Quando acordo de manhã, tenho duas escolhas. Uma é ser infeliz, a outra é ser feliz. E quero que você saiba, filho, que não sou tão bobo quanto posso parecer. Sou esperto o bastante para escolher a felicidade. Apenas escolho ser feliz... basta isso.

9 de julho

Certa vez, um amigo teve um problema que lhe perturbou a mente durante dias e para o qual não conseguia uma resposta. Resolveu praticar a "calma espiritual criativa". Foi sozinho para uma igreja e lá ficou sentado por um longo período em silêncio absoluto. Depois de algum tempo, começou a ficar condicionado pela calma. Finalmente, deixou seu problema "cair" numa piscina funda de silêncio mental e espiritual. Refletiu sobre a paz de Deus, em vez de pensar nos detalhes específicos do seu problema. Isso pareceu clarear seu pensamento e, antes de deixar aquele lugar calmo, uma resposta começou a surgir, que, mais tarde, provou ser a solução certa.

10 de julho

Um médico me disse que 35 a 50 por cento das doenças são devidas ao fato de os pacientes se sentirem infelizes.
— A alegria tem um valor curativo e terapêutico muito importante — disse ele. Ao passo que o desânimo e a depressão combatem os processos criativos da vida.
Aprenda a viver alegre porque "Coração alegre, corpo contente; o espírito abatido seca os ossos." (Livro dos Provérbios 17, 22)

11 de julho

Nesta vida devemos procurar desenvolver a imperturbabilidade. Consiste em saber aceitar as pessoas como são, e não permitir que suas ações importunas o irritem. Com o tempo você aprenderá, inclusive, a amá-las.

12 de julho

A esposa de Thomas A. Edison disse-me que, quando seu marido estava morrendo, murmurou para o médico: "É muito bonito lá." Edison era um cientista com uma mente empirista. Nunca admitia que uma coisa era verdade antes de vê-la funcionar. Jamais teria dito "é muito bonito lá", se não tivesse certeza de que era verdade.

13 de julho

Se uma pessoa tem sempre pensamentos otimistas e esperançosos, contamina a vida ao seu redor positivamente e, desse modo, atrai para si resultados positivos. O que você projeta mentalmente reproduz-se da mesma forma. O pensamento positivo coloca em ação as forças positivas e criativas, e o sucesso virá a seu encontro.

14 de julho

Não pense, *se*, pense *como*. A pessoa que pensa *se* diz: "Se eu ao menos tivesse uma chance." A pessoa que pensa *como* enfatiza os *comos*: "Como posso compensar esse defeito?" ou "Como posso conseguir isso?"

15 de julho

Os fatores essenciais numa vida bem-sucedida, criativa e emocionante são os seguintes: primeiro, ter controle total sobre sua vida e sobre você. Não pode ser feliz quando sente que a vida, ou outra pessoa, está fazendo gato e sapato de você. Mas quando você se torna dono de sua vida, não há alegria maior do que isso ou do que a emoção e satisfação que vai sentir.

16 de julho

No fundo das pessoas, há um enorme reservatório de força intocada esperando para ser usada. Nenhuma pessoa pode usar todo o seu potencial antes de aprender a conhecer-se. O problema de muitas pessoas que fracassaram é que elas passam o resto da vida diminuindo a si mesmas. Como não confiam nelas mesmas, deixam de utilizar seus talentos. Levam vidas sem objetivo e sem rumo, antes de mais nada porque nunca percebem o que podem fazer por suas vidas e por elas mesmas.

17 de julho

Uma das coisas mais importantes que você será capaz de dizer na vida é: "Realizei o potencial que Deus Todo-Poderoso colocou em mim."

18 de julho

A vida, para a maioria de nós, tem muitos problemas difíceis; precisamos de toda confiança e tranqüilidade que pudermos encontrar. E nada é melhor para isso do que um elogio. Não há nada melhor para devolver a autoconfiança e recarregar as baterias do que a admiração dos outros. Por que então, se precisamos tanto de reconhecimento, negamos tão freqüentemente esse mesmo reconhecimento aos outros?

19 de julho

Tente modificar suas atitudes críticas em relação a seu semelhante. Adquira o hábito de procurar alguma coisa para elogiar, alguma coisa boa para dizer. Quando você começa a procurar pretextos para criticar as pessoas, vai acabar criticando tudo o que elas fazem. Mude de atitude mental encontrando alguma coisa, mesmo que pequena, para elogiar nas pessoas. Isso contribuirá muito para aumentar sua própria felicidade.

20 de julho

Deus responde às orações de três formas: *sim, não* e *espere um pouco*. Se você receber uma resposta negativa, procure a lição que ela ensina. Algumas vezes, Deus fecha-nos uma porta para levar-nos à porta certa, que estará aberta. Se você enfrenta dificuldades e contratempos, talvez seja porque Deus queira fazer por você alguma coisa diferente do que você estava esperando e diferente de tudo o que já experimentou.

21 de julho

— Você não sabe que o mundo está cheio de problemas? — indagou uma pessoa negativa.
— Mas o mundo também está cheio de problemas superados — respondeu uma pessoa positiva.

22 de julho

Cada um de nós possui o poder de viver uma vida realmente maravilhosa, no entanto nos contentamos em ser infelizes, quando isso não é necessário. Devemos perguntar o que fizemos dos talentos e capacidades que Deus nos deu. Todo ser humano deve olhar dentro de si e agradecer ao bom Deus por ter forças que nunca usou — e então começar a usá-las.

23 de julho

Ajude os outros a superar o medo e a preocupação e ganhará mais força sobre esses problemas. Todo dia pense que você vive na companhia de Jesus Cristo. Se Ele realmente anda a seu lado, você não ficará preocupado ou com medo. Diga: "Ele está comigo agora." Repita isso cada vez que sentir medo ou começar a se preocupar. Recomende esse exercício a outras pessoas, assim como estou fazendo com você. Funciona.

24 de julho

O mundo precisa de muitos atos de perdão e arrependimento para livrar-se do ódio, do ressentimento e do rancor.

25 de julho

O que está errado em ter problemas? As únicas pessoas que não têm problemas estão nos cemitérios. Os problemas são um sinal de vida, então fique contente por tê-los. Significa que você está vivo. Quanto mais problemas tiver, mais vivo estará. Se você não tem problemas, é melhor ajoelhar-se e perguntar: "Senhor, não confia mais em mim? Dê-me alguns problemas."

26 de julho

Não é necessário ter medo, quando se sabe que está certo. Reze para ter certeza de que está certo, porque, se estiver errado, nada poderá ser feito, uma vez que o que é errado não pode virar certo. Sabendo que está certo, não há nada no mundo capaz de derrotá-lo.

Podem surgir dificuldades, você pode sofrer alguns infortúnios, mas Deus não o abandonará. Ele o ajudará nos momentos difíceis. Tenha certeza de que está certo, e então prossiga sem medo.

27 de julho

Depois de pedir perdão a Deus, aceite a remissão dos pecados e perdoe-se de verdade e dê as costas definitivamente ao problema. Encha sua mente de pensamentos esperançosos, saudáveis e positivos. Tenha fé e vá em frente. "Esquecendo-me do que fica para trás e avançando para o que está adiante." (Filipenses 3, 13).

28 de julho

A melhor maneira de lidar com um problema é a seguinte: escreva-o num pedaço de papel. Estude-o. Pense bem nele. Então, ponha-o de lado e pense em Deus. Esqueça o problema. Pense em Deus. Quanto mais você pensar n'Ele, mais idéias Ele lhe dará para resolver o problema, quando voltar ao mesmo. Você encontrará sua resposta. Deus responde. Se não conseguir da primeira vez, conseguirá na segunda ou na terceira. *Mude do problema para Deus.*

29 de julho

Muitos dos melhores tapetes orientais do mundo vêm de pequenas aldeias do Oriente Médio, China ou Índia. Esses tapetes são feitos à mão por um grupo de homens e meninos dirigidos por um tecelão-chefe. Eles trabalham do lado avesso do tapete. Freqüentemente, um tecelão distraidamente comete um erro e introduz uma cor que não está de acordo com o padrão. Quando isso acontece, o tecelão-chefe, em vez de tirar fora o trabalho a fim de corrigir a seqüência da cor, tenta encontrar uma maneira de incorporar harmoniosamente o erro no padrão geral. Ao tecer nossas vidas, podemos aprender a combinar os erros e as dificuldades inesperadas de forma a melhorar o padrão geral de nossas vidas. Existe um bem inerente na maioria das dificuldades.

30 de julho

Se você parar por alguns minutos, dez ou mesmo cinco, para pensar em Deus e em Cristo, confessar seus pecados, rezar por aqueles que lhe fizeram mal, e pedir forças — e se fizer isso consistentemente dia após dia — uma fé verdadeira começará a enviar saúde espiritual e força através da sua personalidade.

31 de julho

O pensamento positivo é uma forma de *pensar* num problema. O entusiasmo é como nos *sentimos* em relação ao problema. Pensar e sentir determinam como *agimos* diante desse problema.

AGOSTO

1º de agosto

Diga a você mesmo todos os dias, especialmente quando as coisas ficarem pretas e estiver com problemas: "Sou um filho de Deus." Afirmar sua origem divina fará você sentir-se mais forte e o fará perceber que, aconteça o que acontecer, existe Alguém cuidando de você. Este exercício o ajudará a ter bons dias todos os dias.

2 de agosto

Meu método de despertar é o seguinte: quando retorno a um estágio pelo menos semiconsciente depois de uma noite de sono, enquanto ainda estou deitado, repito a frase do Salmo 139: "E, se me desperto, ainda estou contigo." (Versículo 18). Essas palavras enfatizam a maior verdade que o homem conhece — ele não está sozinho. Depois de levantar-me da cama, repito aquela velha e gloriosa passagem do Salmo 118: "Este é o dia que fez o Senhor; regozijemo-nos e alegremo-nos nele." (Versículo 24). Ele fez esse dia para ser algo precioso, cheio de oportunidades; Ele nos deu esse dia. Precisamos fazer alguma coisa boa com ele.

3 de agosto

Um destacado homem de negócios, que tem todas as horas do seu dia tomadas, muitas responsabilidades e atividades bastante variadas, age sempre com uma calma impressionante.

— Aprendi a começar e terminar cada dia calmamente — diz ele. — Repito este versículo de Isaías: "Na tranqüilidade e na confiança estará a vossa força." (Isaías, 30, 15) Esse é o meu segredo.

4 de agosto

Entusiasmo não é um conceito de sentimentalismo, doçura e superficialidade inatos e fortuitos. É uma atitude mental forte e resistente, que talvez seja árdua de atingir, difícil de manter, mas poderosa — muito poderosa!

5 de agosto

De que maneira algumas pessoas superam calamidades que deixam outras com o espírito aniquilado, amargas e derrotadas? Encontramos uma pista no Livro de Jó: "Se fica (Deus) imóvel, quem o agitará?" (Jó 34, 29). A primeira coisa essencial para se encarar a calamidade é obter sossego, calma e tranqüilidade. Desse sossego surge a gratidão sincera — pela dádiva da vida, pelas boas coisas que se tem no momento, pelas vantagens e possibilidades que se tem. Esta gratidão, por sua vez, abre portas para a felicidade e a oportunidade que poderiam permanecer fechadas.

6 de agosto

Uma Oração para se obter energia: Senhor, preciso de mais energia e força. Encontro-me cansado. Parece que não tenho o que é necessário para fazer tudo o que preciso fazer. Sei que os pensamentos errados podem tornar uma pessoa cansada. Mude meus pensamentos de forma que eles possam ficar em harmonia com o Seu poder. Mantenha-me em contato com o Senhor que é a fonte da energia, energia que nunca se acaba. Recebo essa força e energia agora. Obrigado, Senhor. Amém.

7 de agosto

Há muito tempo atrás, existiu um homem que tinha que fechar os colchetes dos longos vestidos de sua mulher diariamente. Eles eram presos de cima a baixo, e o homem se cansava com o trabalho. Era exasperador. Quase perdia a fé cada vez que o fazia. Foi ele quem inventou o fecho ecler. Contornou a situação com criatividade.

8 de agosto

Para terminar com a preocupação, passe 15 minutos diários pensando em Deus. A preocupação nada mais é do que um hábito mental ruim. Você pode mudar qualquer hábito com a ajuda de Deus. Comece exercitando a fé, o inimigo número um da preocupação. Diga todas as manhãs: "Coloco minha vida, as pessoas que amo, meu trabalho nas mãos do Senhor. Só existe bem em Suas mãos. Amém."

9 de agosto

Quanto estiver dirigindo e se aborrecer com ações imprudentes e grosseiras de outro motorista, em vez de dar o troco na mesma moeda seja amável e faça uma oração sincera para ele. Você não pode saber o que o levou a agir daquela forma. Talvez sua oração possa ajudar a resolver o problema dele. Uma coisa é certa, vai ajudar você.

10 de agosto

Abaixo da superfície agitada e tensa de nossas mentes, está a paz profunda dos níveis mentais mais profundos.

Assim como a água sob a superfície do oceano é recôndita e calma independentemente do quão turbulenta é sua superfície, a mente também é calma nas profundezas. O silêncio, exercitado até que se saiba dominá-lo, tem o poder de penetrar na sua mente e alma onde se pode experimentar a paz balsâmica de Deus.

11 de agosto

Quando estiver desanimado, sem conseguir fazer o que quer, há uma coisa que não lhe pode faltar. É o inestimável ingrediente do sucesso chamado esforço inexorável. Você não deve nunca desistir.

12 de agosto

A Bíblia diz: "Apresentai a Deus todas as vossas necessidades". (Filipenses 4,6). Mas diz também: "Teu Pai sabe do que precisas antes de pedires a Ele." Peça o que deseja, mas esteja sempre pronto a receber o que Deus dá. Pode ser melhor do que o que você pediu.

13 de agosto

Já reparou que as pessoas que dominam as palavras e as usam bem, ressaltando sua beleza e servindo-se da sua persuasão, são aquelas que vão longe na vida? Não é necessário ser um grande orador. A escolha do vocabulário certo na fala diária indicará que a pessoa é diferente e que possui uma qualidade extra, e calmamente essa pessoa se tornará um líder. Pense nas maravilhas que há na combinação das palavras.

14 de agosto

Você pode atingir qualquer objetivo...
SE souber qual é o objetivo;
SE realmente quiser atingi-lo;
SE for um bom objetivo;
SE acreditar que pode atingi-lo;
SE fizer por onde atingi-lo;
SE tiver pensamento positivo.

15 de agosto

Deus confia em nós. Ele nos dá o poder da opinião própria. Ele nos torna agentes morais livres para fazermos o que tivermos vontade — mesmo se isso for contra Sua vontade. Aí está a grandeza de Deus. Se ele fosse um Deus mesquinho, nos diria exatamente o que fazer. Mas Ele nos deixa livres. Ainda assim, espera que sejamos espertos o bastante para fazer o que é certo.

16 de agosto

Existe uma história sobre uma picareta enferrujada que encontraram na velha cidade do ouro do Colorado. O cabo já se havia deteriorado há muito tempo, mas a picareta enferrujada continuou enterrada no solo por cem anos ou mais. A forma como estava enterrada na terra revelava a frustração sentida por algum garimpeiro fracassado. Parece dizer: "Ah, para que serve? Estou derrotado mesmo." A ironia do fato — que esse garimpeiro fracassado desconhecido nunca soube — é que a alguns metros dali havia um rico veio de ouro que mais tarde produziu milhões. Se ele ao menos tivesse persistido...

17 de agosto

Quando se solta um pombo-correio, ele, instintivamente, dirige-se para casa. As aves que migram milhares de quilômetros voltam infalivelmente para o lugar exato de onde vieram. Todo riacho é atraído pelo mar. Nós viemos de Deus; Ele é nossa casa. Toda vida humana sente o chamado de Deus. O instinto é voltar para Ele e amá-Lo sempre.

18 de agosto

A esperança é como um dedo que aponta, pintado numa porta que está fechada para você. Ele aponta, mandando-o para outra porta mais adiante que se abrirá na sua maior oportunidade. Procure essa outra porta — essa porta aberta.

19 de agosto

Algumas pessoas evitam ir a lugares que as façam lembrar dos entes queridos já mortos; outras evitam fazer coisas que alguma vez tenham feito junto com eles, especialmente marido ou mulher. Isso é compreensível porque pode avivar a consciência da perda física. O antídoto é lembrar-se de que as pessoas amadas continuam com você não apenas num sentido espiritual, mas muito mais constantemente do que foi possível quando elas estavam vivas. Quando minha mulher, Ruth, telefonou para dizer-me que minha mãe havia morrido, ela falou: "Sei que vai achar difícil acreditar nisso nesse momento, Norman, mas sua mãe estará com você, e de agora em diante estará muito mais perto de você do que jamais esteve. No passado, você sempre fez viagens de avião para estar com ela por alguns dias ou mesmo horas. Agora, ela pode estar com você sempre." Isso era verdade e, quando fui capaz de percebê-lo, minha sensação de dor e perda diminuiu consideravelmente.

20 de agosto

As tempestades trazem as águias; os pássaros pequenos abrigam-se. As pessoas fracas tentam fugir das tempestades e algumas vezes são esmagadas por elas. Mas as fortes fazem das tempestades coisas melhores.

21 de agosto

Muitas pessoas têm uma saúde fraca não por causa do físico, mas da mente. Os problemas emocionais voltam-se para dentro, exaurindo a energia, reduzindo a capacidade, deteriorando a saúde. E extraem a felicidade, é claro. Pode-se melhorar essa situação com uma grande dose diária de fé e pensamento positivo.

22 de agosto

Para ter amigos, seja agradável e gentil com todo mundo. Seja feliz e sociável. Divirta-se muito com as coisas. Aja de forma que as pessoas tenham uma boa opinião a seu respeito. Tenha uma personalidade estimulante e inspiradora. Goste das pessoas. Ajude as que estiverem passando dificuldades. Este é o caminho para a verdadeira felicidade.

23 de agosto

Há uma forma de verificar se você está velho: qual é a sua atitude ao levantar-se de manhã? A pessoa jovem acorda com uma estranha sensação de agitação, uma sensação que ela talvez não possa explicar, mas é como se dissesse: "Este é o grande dia; é hoje que as coisas maravilhosas vão acontecer." A pessoa velha, independente da idade, levanta-se com o espírito indiferente, não espera que nada de bom vá acontecer. Este será um dia como todos os outros. A pessoa pode esperar que ele não seja pior. Algumas conservam a expectativa aos 60 anos; outras perdem-na muito cedo. A idade de uma pessoa transparece de fato por sua capacidade de conservar o idealismo da juventude.

24 de agosto

Que cenário maravilhoso Deus criou para nossas vidas! As galáxias infinitas de inúmeras estrelas; os enormes e turbulentos oceanos; os poderosos ventos que rugem; o trovão que ressoa; a chuva que se precipita; o mistério e diversidade do ciclo das estações; a emoção do sol nascente e a glória do poente; o romantismo do luar prateado — essas são maravilhas que nos cercam durante toda a vida para empolgar-nos.

25 de agosto

Um otimista convicto não se entrega nos momentos difíceis, sejam quais forem as pressões. Ele prossegue com esperança e alegria, pois acredita no bem, qualquer que seja a situação. Esse otimista segue o lema: devagar e sempre.

26 de agosto

Quando começo a ficar ansioso, sempre encontro uma técnica para acalmar-me. Fico pensando no passado e nas cenas mais tranqüilas que conheço. Afirmo: "A paz de Deus excede toda a compreensão..." (Filipenses 4, 7).

27 de agosto

Com fé, paciência e pensamento saudável pode-se fazer muitas coisas que "não podem ser feitas". Coisas que pareceram impossíveis num dia tornam-se possíveis. Assim como afirma o Corpo de Engenharia do Exército americano: o difícil fazemos na hora, o impossível demora um pouco mais.

28 de agosto

Nos tempos de crise, quando a energia começa a esgotar-se e o desânimo insinua-se; quando você tem que se esforçar para ir em frente ou quando algum obstáculo inesperado derruba-o e é difícil levantar-se e ir em frente outra vez, a coisa mais importante é a simples e velha persistência. A pergunta é a seguinte: você tem o que é necessário para levantar-se e continuar outra vez? Claro que tem!

29 de agosto

Existe a poluição mental. Se alimentarmos ódio, preconceito e negativismos, destruímos nosso melhor potencial de pensamento. Inutilizamos nossas conquistas mais importantes.

30 de agosto

Se você viajasse pelo mundo todo, nunca encontraria outra pessoa exatamente igual a você. Os geneticistas dizem que se fosse possível um casal ter milhões de filhos, dois deles não seriam exatamente iguais. Porque você é diferente de todo mundo, existe alguma coisa que só você é capaz de fazer. A única maneira de uma pessoa viver uma vida realmente criativa, ou conhecer a felicidade plena e ser ela mesma é desenvolvendo seu potencial único.

31 de agosto

Não acredito que uma pessoa possa ser amada a menos que ame realmente outras pessoas. Até mesmo um cachorro sabe quando é amado. Na época em que comprei minha casa de campo, comprei também um velho cachorro que havia lá. Comprei-o porque ele chegou perto, colocou sua pata em mim e cutucou-me, olhando-me com aqueles olhos bonitos como se dissesse: "Estou aqui."

SETEMBRO

1º de setembro

Uma pessoa que não gosta de si mesma por causa de sentimentos de culpa ou inferioridade sempre tentará escapar à dolorosa consciência da sua condição "descarregando nos outros seus ressentimentos". Ela projeta as coisas que não gosta em si nas outras pessoas. É interessante que o mandamento diga: "Amarás o teu próximo como a ti mesmo." (Levítico 19, 18). Se você não tem uma auto-estima normal não pode gostar realmente de outras pessoas. Não gostar de si mesmo é um obstáculo enorme, quando se quer fazer ou manter bons relacionamentos.

2 de setembro

O otimista convicto tem uma atitude positiva diante de um fato. Ele o encara realisticamente, tal como ele é, mas vai além disso. Encara-o como um desafio à sua inteligência, engenhosidade e fé. Procura ter discernimento e direção ao enfrentar um fato difícil. Passa o tempo todo pensando. Sabe que existe uma resposta e finalmente a encontra. Talvez ele modifique o fato, ou apenas se desvie dele, ou aprenda a viver com ele. Mas, de qualquer maneira, sua atitude diante do fato demonstrou ser mais importante do que o fato em si.

3 de setembro

Receita: até que haja alguma melhora, diariamente:
1 — Reserve dois minutos para pensar em Deus.
2 — Leia um salmo.
3 — Leia um capítulo dos Evangelhos.
4 — Faça alguma coisa boa por alguém.

5 — *Saia de dentro de si através de algum trabalho social.*
6 — *Vá à igreja todo domingo e entre numa atmosfera de fé.*
7 — *Passe a acreditar — em Deus, na vida e em você.*

4 de setembro

A imaginação é mais forte do que a força de vontade. Significa a projeção de imagens mentais de um resultado desejado. Um traço característico do ser humano é a tendência a transformar-se no que imagina ser (imagem). A imagem mental que foi guardada tão profundamente tende a realizar-se na realidade. Se você visualizar um objetivo e o mantiver firme em seu consciente, a mente tende a completar a imagem.

5 de setembro

É importante ter a mente tranqüila para assegurar o estado físico, mental e espiritual necessário ao descanso perfeito. Imagine a mente completamente calma, como a superfície de um pequeno lago em que não há uma ondulação sequer. Imagine-a imóvel e repleta de uma calma profunda. Pense no silêncio até que uma atmosfera de silêncio o envolva. Pense em idéias tranqüilas, lembrando-se de que seus pensamentos respondem às sugestões. Vagarosamente, imagine que há paz dentro de você.

6 de setembro

Antes de o dia terminar, faça alguma coisa específica e concreta que demonstre sua determinação em mudar sua vida para melhor. Pague uma dívida. Reate uma amizade. Acabe com uma discussão. Desculpe-se. Reze por alguém. Faça uma visita a alguém que esteja doente. Deixe de comprar alguma coisa para si e dê o dinheiro para caridade. Tudo o que fizer, faça tranqüilamente, sem ostentação. E faça-o sem esperar uma recompensa, mas simplesmente porque quer; porque prefere ser uma pessoa voltada para si mesma.

7 de setembro

Na manhã de nosso trigésimo quarto aniversário de casamento, Ruth e eu fomos à igreja em Siracuse, onde nos casamos. Lembro-me bem da primeira vez que a vi. Eu estava presidindo uma reunião do comitê após o serviço religioso. A porta abriu-se e uma garota entrou. Nunca a tinha visto antes, mas disse a mim mesmo: *"Essa é a garota para mim."* Tive um certo trabalho em persuadi-la, é claro, mas foi o início de um romance que hoje já tem mais de 50 anos. Quando entramos na igreja no dia de nosso aniversário de casamento, não havia ninguém lá. Então, falei:

— Ruth, saia e entre por aquela porta de novo, por favor.

Ela o fez. Acreditem-me, eu faria tudo novamente! E ela diz que também faria.

8 de setembro

As pessoas geralmente esvaziam os bolsos em cima de sua cômoda ou escrivaninha antes de se deitar. Pessoalmente, prefiro ficar diante de uma cesta de lixo ao fazer isso, para ver quantas coisas posso jogar fora: bilhetes, memorandos, pedaços de papel, lembretes, até mesmo bugigangas que catei. Aliviado, jogo fora todas as coisas possíveis na cesta de lixo. Talvez seja mais importante esvaziar a mente como se esvazia os bolsos. Durante o dia, adquirimos bugigangas mentais: uma pequena preocupação, um pequeno ressentimento, alguns aborrecimentos, talvez até alguns sentimentos de culpa. Todas as noites, essas coisas devem ser jogadas fora, porque, a não ser que as eliminemos, elas se acumulam e diminuem a alegria de viver.

9 de setembro

Uma crítica é uma coisa boa, embora talvez desagradável. Pense numa crítica de forma objetiva e veja se é justificada. Se for, tente tirar proveito dela, mesmo quando for hostil. Se não for, então esqueça-a. Não critique apenas para dar o troco, continue fazendo seu trabalho da melhor maneira possível. É claro que magoa, mas não pretendemos viver sem algumas mágoas. Temos que ser fortes.

10 de setembro

Um velho lavrador chinês caminhava pela estrada com uma vareta no ombro. Pendurado na vareta havia um pote com sopa de soja. Ele tropeçou, o pote caiu e se quebrou. O lavrador continuou andando tranqüilamente. Um homem correu em sua direção e disse, agitado:

— O senhor sabia que seu pote quebrou?
— Sabia — respondeu o lavrador. — Ouvi-o cair.
— Por que o senhor não voltou e fez alguma coisa?
— Está quebrado; a sopa derramou, o que posso fazer? — perguntou o velho.

11 de setembro

Eis uma boa maneira de terminar o dia e preparar-se para um bom amanhã: não leve os problemas que tem durante o dia para a noite. Deixe-os descansar enquanto você descansa. Antes de ir dormir, examine seu mundo mentalmente e agradeça a Deus por todos e por tudo. Enumere as coisas boas que tem, especifique-as uma por uma. Então, diga a si mesmo: "Deus cuida de mim, da minha casa, de todas as pessoas que amo". Depois, durma em paz.

12 de setembro

Nas planícies, as tempestades de inverno podem matar um grande número de cabeças de gado. A temperatura cai abaixo de zero. A chuva gelada e o vento uivante fustigam a pradaria. A neve acumula-se em montes. Disseram-me que, quando há redemoinho, algumas cabeças de gado dão costas às rajadas geladas e arrastam-se a favor do vento, acabando por chegar a uma cerca divisória que lhes barra o caminho. Lá, amontoam-se contra a cerca e muitas morrem. Mas outras agem de forma diferente. Caminham vagarosamente contra o vento até chegar a uma cerca. Ficam lá paradas, lado a lado, enfrentando a tempestade.

— Quase sempre as encontramos vivas e bem — disse um velho vaqueiro. — Essa foi a maior lição que aprendi nas pradarias: atacar as dificuldades de frente e não dar as costas e fugir.

13 de setembro

Certa vez, o Capitão Eddie Rickenbacker ensinou-me um exercício para relaxar: sente-se à vontade numa cadeira. Pense que você é um saco de estopa cheio de batatas. Corte mentalmente o barbante e deixe as batatas rolarem. Pense que é o saco vazio. Levante os braços, um de cada vez, deixando-os cair flácidos. Faça o mesmo com as pernas e as pálpebras. Imagine todos os seus músculos relaxados. Diga: "Toda a tensão está passando, todo o estresse está me deixando, estou à vontade. Estou em paz com Deus, com o mundo e comigo mesmo."

14 de setembro

Tenha pensamentos negativos e estará ativando forças negativas que tendem a atrair resultados negativos. Igual atrai igual. Quem transmite ódio, recebe ódio. Quem transmite medo, recebe medo. Quem transmite derrota, atrai derrota. Do modo oposto, quem transmite pensamentos positivos, atrai resultados positivos. Nós nos derrotamos, ou alcançamos vitórias através dos pensamentos que temos.

15 de setembro

Algumas pessoas simplesmente recusam-se a envelhecer. Gosto de um homem de 80 anos que me disse:
O que há de errado em ter 80 anos? O que importa não é há quanto tempo você está vivo e sim o que fez enquanto esteve vivo. Realmente estou nesse mundo há 80 anos, mas não tenho uma filosofia velha. Não tenho pensamentos velhos. Por acaso, sou dono dos negócios que dirijo. Pois ainda posso fazê-lo direito. Quando encontrar algum rapaz brilhante, que seja tão inteligente quanto eu, afastar-me-ei da direção. Não pense que porque tenho uma perna aleijada não sou capaz de dirigir meus

negócios. Não se dirigem negócios com a perna, e sim com a cabeça. E minha cabeça está muito bem. Jamais pretendo ficar velho. Sei que chegará o dia em que meu obituário estará no jornal, mas ter-me-ei divertido a valer durante toda a vida.

16 de setembro

Rufus Jones, educador e filósofo quacre, acentua o fato de que a palavra indivíduo implica a noção de uma criatura que não se deixa dividir. Quando convocamos nossa personalidade verdadeira para a luta, ficamos mais alerta, realizamos mais coisas, adquirimos um sentido de valorização maior — e vivemos com alegria. O esforço necessário para sermos genuínos é recompensado com a satisfação.

17 de setembro

Mudar o modo de pensar pode ser um processo difícil e demorado, mas pode-se conseguir isso através da prática de substituirmos pensamentos doentes por pensamentos saudáveis. Você pode livrar-se do ódio com a oração, por exemplo. Um homem me disse que teve que rezar 142 vezes para livrar-se do ódio, e, como se fosse uma febre, o ódio arrefeceu e ele tornou-se um homem espiritural e emocionalmente saudável. Não se destrua tendo antipatia, ódio ou ressentimento. É fácil trocar esse hábito pelo hábito de amar. A pessoa que o faz tem uma grande chance de ser feliz.

18 de setembro

Se você está numa situação difícil que parece não ter esperança, lembre-se de que não existem situações tão completamente sombrias que não se possa fazer algo construtivo por elas. Quando se defrontar com um menos, veja o que pode fazer para transformá-lo num mais. Livre-se da falta de esperança; substitua-a pela fé; use a inteligência e a perseverança, e você pode acabar com o desespero.

19 de setembro

Um vendedor, que de perdedor passou a ser vencedor, disse-me como conseguiu isso:
Num domingo, fui à igreja numa cidadezinha onde tinha de ficar até segunda-feira. Durante o sermão, o pastor expôs a seguinte idéia: "Vocês nunca conseguirão o melhor da vida se não derem à vida tudo o que têm. Não esperem que a vida lhes dê alguma coisa; dêem-lhe algo." Esta idéia era nova para mim; era exatamente o que eu não estava fazendo. Foi como se uma porta se abrisse em minha mente. Passei a ter uma imagem totalmente nova a meu respeito e decidi que daria à vida tudo o que tinha. Então, a primeira coisa que fiz na manhã seguinte foi levantar-me mais cedo do que de costume, pegar a lista das pessoas que iria ver nesse dia e rezar por cada uma delas. Cheguei à primeira loja antes de ela estar aberta. Ajudei o homem a abri-la e fiz minha primeira venda, numa hora em que normalmente nem teria me levantado ainda. E tive um dia maravilhoso. Foi como mágica! Até então estivera esperando que a vida me desse algo e ela não estava fazendo isso. Naquele momento, eu estava dando alguma coisa à vida e esta me estava devolvendo coisas maravilhosas.

20 de setembro

Um famoso jogador profissional de golfe certa vez me disse: "Um segredo para uma boa tacada é, antes de bater na bola, visualizá-la indo aonde você quer que ela vá." E um pianista falou que é possível praticar mentalmente uma peça, sem que se esteja perto de um teclado. Basta visualizar as notas e ouvi-las, mentalmente. Para alcançar um objetivo, qualquer que seja ele, estabeleça em sua mente um resultado definitivo e bem-sucedido. Guarde essa imagem e vá em frente, pois você colocou em ação uma força motora.

Primavera

Muitas vezes, ventos invernais ainda sopram no dia em que começa oficialmente a primavera. Na verdade, uma longa experiência demonstra que não se pode prever o dia em que a primavera vai chegar: ela simplesmente chega.

Nos países frios, há muitas flores que brotam antes mesmo que a primavera se instale por completo. São flores otimistas, porque germinam num clima aparentemente tão desfavorável. Às vezes, continua a fazer frio como em pleno inverno, e então suas cabeças pendem, cheias de desconsolo. Mas na primeira oportunidade retornam à vida, e durante as semanas que permanecem floridas enchem a primavera de encanto.

Certa feita, numa primavera, tudo estava resplandecente e lindo. O aroma característico dos dias primaveris insinuava-se, sutil, pelo ar. As flores exalavam confiança e felicidade. Numa noite, porém, voltaram os tempestuosos ventos do inverno. A neve começou a cair em grandes flocos brancos, e quando chegou a fria manhã uma camada de cinco centímetros cobria o solo, inclusive os canteiros de flores. Os jacintos se mantiveram eretos, apesar do peso da neve, mas os junquilhos e os narcisos abateram-se.

Contudo, no dia seguinte, um vento cálido soprou, a neve derreteu e as flores se animaram; olharam em volta e se ergueram, altas e espigadas, continuando a exercer sua função de florescer e embelezar a natureza. Tudo isso serviu para lembrar a capacidade de recuperação que a natureza possui. Pergunto-me se o homem também não possui essa capacidade. Talvez uma das funções das flores e das árvores seja lembrar-nos de que também temos essa capacidade de renovação.

Já vi árvores arrasadas por invernos rigorosos: galhos quebrados e arrancados, copas aparentemente destruídas. E então chega a primavera, com o toque balsâmico de Deus; inúmeras folhas ocultam as feridas, e após uma ou duas primaveras é difícil localizar os estragos, tamanho é o poder de recuperação das árvores.

As pessoas também sofrem ferimentos. Algumas nunca conseguem recuperar-se, mas talvez a maioria consiga porque, como as árvores, possua uma surpreendente capacidade de curar suas feridas. Afinal, elas têm o mesmo Deus.

21 de setembro

Sorria e seja feliz. William James afirmou que somos felizes porque sorrimos em vez de sorrirmos por sermos felizes. Em primeiro lugar está o sorriso. Também é verdade que a felicidade coloca um sorriso nos lábios. Cultive o otimismo olhando sempre para o lado alegre e você terá uma vida feliz.

22 de setembro

Sua mente lhe devolve apenas o que você põe dentro dela. Se, durante muito tempo, tiver pensamentos de derrota, sua mente responderá com derrotas. Mas se, durante um longo período, você tiver pensamentos de fé, sua mente lhe mandará resultados de fé.

23 de setembro

Cante pelo menos uma canção todos os dias. Isso talvez não dê prazer a sua família ou a seus amigos, mas será um ótimo tônico para você. Na verdade, um hino é melhor — ao tomar banho de manhã, cante um hino e, assim como a água lava seu corpo, o hino lavará sua mente.

24 de setembro

Quietude e atividade são os pólos opostos da energia criativa. Duvido que alguém possa ser um ativista criativo, se não for também um quietista criativo.

25 de setembro

— Vocês alguma vez tentaram falar sobre Deus? — perguntei a uma mulher que estava com problemas em seu casamento.

— Não — respondeu ela. — Meu marido fala muito em Deus, mas não da maneira a que o senhor está se referindo. Quando falamos, discutimos e brigamos sobre contas e todas as coisas desagradáveis que se pode imaginar.

Sugeri que, para começar, tentasse fazer à mesa uma oração de agradecimento. Seu marido, em geral, sentava-se e colocava o guardanapo taciturnamente. Até que uma noite ela o interrompeu delicadamente:

— Vou agradecer a Deus por nossa refeição.

Fez o mesmo na noite seguinte, na outra e na outra, até que certo dia, ele finalmente disse:

— Muito bem, hoje é minha vez, vou fazer a oração de agradecimento!

Depois disso, foi mais fácil conversar sensatamente sobre as coisas. Agora, eles me dizem que o casamento está em "ótima forma".

26 de setembro

Comece sempre o dia com uma oração. É o melhor de todos os condicionadores mentais. Mesmo que você não tenha tempo, reze. É realmente importante. Comece sempre o dia pensando em Deus, no Seu amor e cuidado, e na sua responsabilidade em servi-Lo. Um velho amigo explica bem isso: "Encha a mente com Deus e o dia todo será repleto de felicidade, mesmo se a caminhada tornar-se difícil."

27 de setembro

Conversando com um médico, perguntei-lhe quais eram, em sua opinião, as vantagens psicológicas do otimismo contra a depressão. Ele me respondeu:
— Quando se está deprimido, a possibilidade de infecção aumenta no mínimo dez vezes. O otimismo realmente pode ajudar, como uma força, para acabar com a infecção. As pessoas que têm uma atitude de confiança têm um poder estranho sobre a doença. Em minha opinião, uma atitude de otimismo e de fé é um dos melhores remédios para conservar a saúde.

28 de setembro

Aqui está um tratamento de uma semana para a tensão, preocupação e o estresse. Comece hoje e continue nos próximos sete dias:

Primeiro dia: *"Deixo-vos a paz, a minha paz vos dou; (...) Não se perturbe nem se intimide o vosso coração." (João 14, 27).*
Segundo dia: *"Está decidido: tu manterás a paz, sim, a paz, porque a ti foi ela confiada." (Isaías 26, 3).*
Terceiro dia: *"O Senhor disse: Eu mesmo irei e te darei descanso!" (Êxodo 33, 14)*
Quarto dia: *"Descansa no Senhor e espera n'Ele, não te irrites..." (Salmos 37, 7).*
Quinto dia: *"Vinde a mim todos os que estais cansados sob o peso do vosso fardo e eu vos darei descanso." (Mateus 11, 28).*
Sexto dia: *"E reine nos vossos corações a paz de Cristo..." (Colossenses 3, 15).*
Sétimo dia: *"Em verdes pastagens me faz repousar.*

Para as águas tranqüilas me conduz e restaura minhas forças." (Salmos 23, 2, 3).

29 de setembro

Para combater aquele sentimento esmagador, use a antiga máxima militar: concentre suas forças e ataque o ponto onde puder conseguir uma ruptura. Não se sente, retorcendo as mãos, porque tantos problemas difíceis o perseguem. Pegue um deles, parta-o em pedaços com os quais possa lidar e vá resolvendo cada parte de uma vez.

30 de setembro

Em setembro, surgem as "tempestades equinociais". Ventos intensos com a força de um vendaval sopravam em nossa fazenda. Ouvi alguma coisa gemendo e descobri que era um enorme bordo de 150 anos. Mas não estava gemendo, estava rindo. Estava se divertindo a valer com aquele vento. *Talvez ele caia*, pensei. E ele parecia dizer: "Não se preocupe. Já estava aqui quando você chegou, e vou estar depois que você se for." Ah, as árvores caem algumas vezes, mas então o que acontece? Um pequeno broto nasce e uma nova árvore está começada. O mesmo acontece com os seres humanos. São absolutamente imbatíveis quando têm consciência disso. Mas é preciso que eles tenham consciência.

OUTUBRO

1º de outubro

Com exceção da fé, o medo é o pensamento mais forte. A fé é sempre mais forte do que o medo. Onde existe fé, não há lugar para o medo. Pode-se acabar com o medo enchendo a mente de fé. É uma verdade incontestável que uma pessoa que tem fé, a fé verdadeira em Deus, eleva-se tão acima do medo que este não a afeta mais.

2 de outubro

O perdão verdadeiro não permite ressentimentos. Deve-se percorrer a distância necessária para reconstruir relacionamentos. Se alguém diz: "Vou perdoar o mal que você me fez, mas nunca poderei esquecê-lo", o perdão é apenas limitado. Para transformá-lo no verdadeiro perdão, deve-se também esquecer.

3 de outubro

Um homem de negócios disse-me que ia despedir um empregado porque o homem era vagaroso, lerdo e indolente.

— Ao invés de colocá-lo para *fora* do trabalho, por que não o coloca *dentro* dele? — perguntei.

— Não entendo o que quer dizer.

— Faça o trabalho entrar dentro dele. Estimule-o, motive-o — expliquei.

O patrão fez exatamente isso, e agora os relatórios sobre a mesma pessoa dizem: "O homem é nosso melhor empregado."

4 de outubro

A Bíblia nos fornece uma afirmação extraordinária que nos dias de hoje é raramente citada, ou pelo menos não tanto quanto devia ser. Escutei-a várias vezes nos meus tempos de colégio: "Vigiai, permanecei firmes na fé, sede corajosos, sede fortes!" (1 Coríntios 16, 13). Se quisermos resolver os problemas difíceis da vida, basta desenvolver a força de vontade. Toda pessoa tem vontade. Se é fraca, o exercício vai fortalecê-la. Pense na sua vontade como um "músculo" do espírito. Como qualquer músculo, se não for exercitado torna-se flácido. Mas, com o uso constante, ele enrijece, adquirindo tônus e elasticidade.

5 de outubro

Um tornado varreu uma cidade do Sudeste dos EUA causando um grande estrago. Uma mulher estava confinada à cama devido à paralisia infantil, que a impedia de se mexer da cintura para baixo. A intensidade do tornado deixou-a preocupada com os dois filhos pequenos, que estavam no quarto ao lado. Não havia ninguém para ajudar e o tornado sacudia a casa violentamente. Embora seus membros não tivessem forças, a preocupação da mulher com as crianças foi mais forte do que suas limitações. Lentamente, levantou-se da cama e, sentindo muitas dores, conseguiu, sozinha, chegar ao quarto ao lado. Pegou as crianças no colo e tirou-as de dentro da casa. A partir desse dia, começou a andar novamente. O amor mostrou ser mais poderoso do que a paralisia da qual, segundo lhe fora dito, jamais se recuperaria. Algumas pessoas sofrem de paralisia, não nos membros, mas nos pensamentos. Elas aceitam as limitações dizendo: "Isso é tudo que posso fazer." Mas essa autodepreciação não é verdadeira. Você é mais forte do que pensa.

6 de outubro

Uma das regras de comportamento de Thomas Jefferson era: "Pegue sempre as coisas pela parte mais fácil." Comece um trabalho, uma dificuldade ou um problema de relacionamento por um método que encontre a menor resistência. Quanto menor a resistência, mais rápido as coisas se resolvem.

7 de outubro

O segredo de uma vida bem-sucedida é diminuir o número de erros e aumentar a verdade. Por causa dos erros que há em nós, fazemos tantas coisas estúpidas, arranjamos tantos problemas e fazemos as coisas darem errado tantas vezes. O oposto do erro é a verdade. Jesus Cristo disse: "Eu sou o Caminho, a Verdade e a Vida." (João 14, 6). Quando O seguimos, seguimos a verdade. Quanto mais verdade, menos erros. É realmente simples.

8 de outubro

O coração é a essência da atividade criativa. Estimule-o com os lugares aonde quer chegar e o que quer ser. Fixe esse objetivo tão profundamente em seu inconsciente que não possa receber um não como resposta. Então, toda sua personalidade e inteligência seguirão seu coração. Você chegará aonde quiser e será o que quer ser.

9 de outubro

O que importa não é termos problemas e sim nossa atitude para com eles. Há um pequeno dístico em meu escritório que afirma uma grande verdade: "As atitudes são mais importantes do que os fatos." É claro que não se pode ignorar um fato, mas a atitude mental com que se encara esse fato é importantíssima.

10 de outubro

Phillips Brooks, um famoso pregador americano dos velhos tempos, disse: "Duvido que chegue o dia... em que algum grande desejo de fazer algo maior não esteja constantemente batendo na porta de sua alma..." Talvez tenhamos querido atingir algum objetivo ainda não alcançado, e ser alguma coisa que ainda não conseguimos. Vamos determinar que, antes do fim do ano, atingiremos nossos objetivos e realizaremos nossos sonhos. Então, sonharemos novos sonhos e estabeleceremos objetivos mais altos para os anos vindouros.

11 de outubro

O que fazer para ser uma pessoa feliz? Uma boa maneira é entrar no ritmo de Deus. Os corpos celestes têm ritmo. O sistema interno do sangue, o coração e os órgãos têm ritmo. E este é uma espécie de sinônimo de harmonia, como a harmonia é um sinônimo de alegria. Assim, quando você está alegre, tem ritmo, e quando está em harmonia com Deus você é uma pessoa feliz.

12 de outubro

Três palavras da Bíblia podem determinar o sucesso de qualquer pessoa ou empreendimento: "...buscai e achareis..." (Mateus 7, 7) Busque uma necessidade — o mundo tem muitas. Encontre uma necessidade que você possa satisfazer e estará no caminho para ter sucesso na vida.

13 de outubro

Um campeão de golfe diz: "O que você pensa enquanto está jogando golfe é provavelmente a parte mais importante do seu jogo." Ele salienta a importância da concentração e a prática da visualização do que se quer conseguir. O campeão confiantemente projeta em sua mente a trajetória necessária para levar a bola aonde ele quer. Esse princípio de criar uma imagem também funciona para determinar e atingir objetivos na vida. A pessoa deve saber exatamente aonde deseja ir. Visualizando firmemente este objetivo, obriga-se a se concentrar nele e então pode alcançá-lo.

14 de outubro

É bom conservarmos sempre nossos sonhos para o futuro e a emoção de irmos a algum lugar como um estímulo. Quando eu era repórter de um jornal, meu editor escreveu algo que guardei durante anos:

> *Quando eu tinha 14 anos, parei a velha égua Bess no sulco onde tentava cultivar o milharal de meu pai. A plantação ficava próxima dos trilhos da estrada de ferro que passava por uma ponte. Tirei*

meu boné e enxuguei a testa e olhei para o trem veloz da Estrada de Ferro Baltimore & Ohio. Em cada janela, enquanto o trem passava rapidamente, havia alguém indo para algum lugar. Eu nunca fora a lugar algum, mas naquela hora e naquele lugar resolvi que, algum dia, também viajaria. Continuo viajando desde então, mas ainda existem tantos lugares para ir, tantas coisas fascinantes para ver e fazer. O trem desapareceu na curva. Mas os sonhos do menino, naquele fim de tarde, foram os mesmos que tenho hoje. O futuro acena com a mesma fascinação mística. Foi assim no milharal, e continua sendo nos dias de hoje.

15 de outubro

Uma jovem mulher conseguiu perder muitos quilos da seguinte maneira: determinou exatamente o peso que gostaria de ter, quando tivesse uma certa idade. Toda vez que se sentia tentada, calculava quanto tempo levaria para comer sobremesas, chocolates ou outras comidas gostosas. Depois, pensava como ia se sentir feliz depois desses poucos minutos, se não comessse. Pela primeira vez, começou a experimentar a emoção do autodomínio. À noite, examinava mentalmente as tentações e acrescentava todas as coisas que engordam e que *não* comera naquele dia. Esperava ansiosamente pelo dia seguinte para superar seu recorde. Atingiu o peso ideal e também conseguiu mantê-lo.

16 de outubro

Não tenho a menor dúvida a respeito da verdade e validade da imortalidade. Acredito piamente que, quando morremos, vamos encontrar nossos entes queridos, reconhecê-los e reunirmo-nos a eles para sempre. Acredito que a identidade da pessoa continuará existindo nessa esfera maior de vida, onde não haverá sofrimento ou dor como os conhecemos aqui, no sentido físico. Espero que tenhamos que fazer algum esforço, porque o esforço é bom. Com certeza haverá desenvolvimento constante, pois a vida sem esforço no sentido de melhorarmos o espírito seria terrivelmente tediosa. Nos ensinamentos de Jesus Cristo, a morte não se refere ao corpo, mas à alma. "A pessoa que peca é a que morre!" (Ezequiel 18, 20). Mas a alma que está em Deus viverá para sempre.

17 de outubro

Nunca é necessário levar uma vida tediosa, desinteressante e sem brilho. Se alguém o faz é porque deixou que isso acontecesse. Ninguém precisa viver frustrado ou permitir-se ficar velho, alquebrado e cansado. Todo mundo tem a oportunidade de abrir a mente e o coração para viver uma vida dinâmica e emocionante. O pensamento positivo o ajudará a ter um bom dia.

18 de outubro

Viajei no carro de um homem que tinha a seguinte oração no painel:

Senhor, este é o Seu carro. Ponha Suas mãos no volante junto comigo e guie-me pelas ruas e estradas movimentadas. Proteja este carro de todos os perigos e acidentes. Dê-nos uma viagem segura e agradável. Faça com que eu não me irrite com os outros motoristas. Ajude-me a ser educado e a respeitar as leis de trânsito. Faça com que minha viagem seja um prazer e não um esforço. Amém.

19 de outubro

Uma das melhores coisas neste mundo é ter uma mentalidade boa e saudável. A pessoa que a tem é muito feliz. Ter uma mentalidade saudável é ser um ser humano normal, equilibrado, íntegro e bem organizado. Significa ter uma mente sem conflitos interiores ou reações obsessivas. O aspecto emocional da sua natureza está sob controle da razão. Quando a pessoa atinge essa mentalidade, livra-se do medo anormal, do ódio, não é motivado por ressentimentos, livra-se do mau humor, do desânimo e da depressão. E uma condição como essa proporciona uma vida em que todos os dias são bons.

20 de outubro

Um bom homem que sempre caminhara com Deus estava para morrer. A luz estava acesa no quarto. De repente, uma expressão de surpresa passou pelo rosto do homem que estava morrendo.

— "Apague a luz, o sol está a pino" — disse ele e morreu.

Aparentemente, está sempre claro e bonito lá. Mas o mesmo também pode acontecer aqui, se acreditarmos que é possível.

21 de outubro

Ele vive hoje tanto quanto no passado. Ele está vivo não apenas como estão César, Napoleão ou Lincoln por exemplo — como lembranças de grandes homens. Ele é uma Pessoa atual, contemporânea e acessível. Ele é o Cristo vivo, que tem o poder de entrar na vida das pessoas e estimulá-las. Todos os dias o Senhor está trabalhando entre nós.

22 de outubro

Aqui está uma oração para começar esse dia e ajudá-lo a fazer dele um bom dia:
Senhor, obrigado pela noite de descanso que tão misericordiosamente me concedeu. Sou-lhe grato pela energia e pelo entusiasmo renovados. Aceito este novo dia como uma oportunidade maravilhosa. Que eu use cada minuto para fazer a Sua vontade. Guie-me em todos os problemas e em cada decisão que possa vir a tomar neste dia. Ajude-me a tratar a todos gentilmente e a ser justo e ponderado em tudo hoje. E se eu O esquecer durante este dia, ó Senhor, por favor, não se esqueça de mim. Amém.

23 de outubro

Uma verdade comum a todas as pessoas é o desejo de ser reconhecido. Pode-se encontrar felicidade procurando o melhor nas outras pessoas, e isso as ajudará a revelar o melhor que têm dentro delas. Também ajuda darmos a melhor conotação possível a tudo e a todos. A fé nas pessoas é uma atitude positiva que pode libertar essas fontes maravilhosas que existem dentro de todos nós.

24 de outubro

Insisto que você seja um verdadeiro otimista. Nenhuma pessoa cheia de dúvidas pode ser um otimista, porque um otimista acredita nos bons resultados, mesmo que não possa vê-los. É assim também que a Bíblia define *fé*: "A substância das coisas que se deseja, a evidência das coisas que não podem ser vistas." Então, a pessoa que tem fé acredita em coisas melhores, mesmo quando ainda não há evidências que confirmem sua expectativa. É aquela que acredita em seu próprio futuro, mesmo quando não pode ver muita possibilidade nele.

25 de outubro

Se você se preocupar demais com seu trabalho, vai acabar estragando-o. Mas se entusiasmar-se com ele, acabará tornando-o um trabalho interessante. Qualquer trabalho é emocionante, se tiver emoção dentro de você. E como conseguir essa emoção? Um famoso escritor francês deu a seguinte resposta: "A fé é uma emoção e um entusiasmo; é uma condição de grandeza mental que devemos guardar como um tesouro."

26 de outubro

Aqui estão cinco regras simples e viáveis para superar atitudes negativas e para aprender a acreditar em si mesmo:

> *1 — Formule e grave permanentemente em sua mente um quadro mental seu como uma pessoa bem-sucedida. Conserve este quadro obstinadamente. Nunca permita que ele perca a cor. Sua mente vai procurar reproduzir este quadro na realidade. Jamais pense em você mesmo fracassando ou duvide da realidade de sua imagem mental.*
> *2 — Sempre que um pensamento negativo a res-*

peito de sua capacidade lhe passar pela cabeça, expresse um pensamento positivo para cancelá-lo.
3 — *Não construa obstáculos em sua imaginação. Destrua cada obstáculo. Acabe com eles. É necessário estudar e tratar as dificuldades de forma eficiente, mas devemos vê-las apenas como realmente são, e não aumentá-las com pensamentos receosos.*
4 — *Não tenha medo das outras pessoas, nem tente imitá-las. Não há ninguém melhor do que você para ser você mesmo.*
5 — *Repita essas palavras inspiradoras 10 vezes por dia: "Se Deus está conosco, quem estará contra nós?" (Ver Romanos 8, 31).*

27 de outubro

A experiência defende a tese de que as coisas dão errado porque estamos errados. Se procuramos realmente entender em que estamos errados e fizermos mudanças, estaremos no caminho certo para que as coisas melhorem. Ralph Waldo Emerson disse: "A maioria das sombras desta vida formam-se porque nos colocamos diante do nosso próprio sol." Quando nos ocupamos em mudar atitudes que vêm fazendo sombra e fazendo as coisas darem errado, tudo começa a dar certo. Uma pessoa mudada muda situações e condições.

28 de outubro

Estamos continuamente nos construindo ou nos destruindo. Através dos anos, cada pensamento, emoção e experiência contribuem para a qualidade da nossa personalidade. Não importa a nossa idade ou o quanto acomodados estamos, nosso eu está sempre em evolução. Tudo contribui para nossa grandeza ou insignificância; estagnação ou crescimento. Qual vai ser a *sua* contribuição hoje?

29 de outubro

Quando você atingir um senso de invencibilidade, estará sempre confiante e decidido. Você destrói a força, quando deixa que as circunstâncias e as condições o esmaguem, o confundam e o bloqueiem. Um segredo importante do sucesso é manter-se firmemente confiante na compreensão espiritual, na fé e no pensamento positivo. Dessa forma, nada poderá derrotá-lo. Você será uma pessoa indomável.

30 de outubro

Uma coisa fundamental para viver criativamente é encarar a dor e as dificuldades como um desafio que Deus, que fez o universo, nos dá para o nosso próprio interesse. Ele quer fazer de nós alguma coisa, e as pessoas não se tornam fortes em circunstâncias cômodas e favoráveis. A luta fortalece a personalidade.

31 de outubro

Você costuma lembrar-se das coisas que lhe trazem paz? Eu sempre penso num lugar favorito na Suíça, onde, ao entardecer, a neve das montanhas mudava de cor, do amarelo brilhante para o roxo místico, e então, gradualmente, esvaía-se quando a noite chegava. Lembro-me de uma noite no Mar da China, quando a névoa que ocultava a lua dissipou-se devido a uma brisa suave, permitindo que longos e prateados raios de lua caíssem sobre as águas límpidas. Lembro-me de uma noite em Srinagar, no Vale de Caxemira, quando o canto dos barqueiros atravessava o lago em cuja superfície flutuavam lírios. Certa vez, o médico tirou meu pulso e minha pressão, e disse:

— Bom! Isso é ótimo. O senhor aprendeu a viver tranqüilamente.

Contei-lhe a técnica de me lembrar de coisas bonitas para ajudar a estimular a tranqüilidade. Ele concordou.

— Muito bom, isso o ajuda a se manter saudável!

NOVEMBRO

1º de novembro

Daqui a 10 anos, você e eu seremos, em grande parte, o que tivermos pensado nesse período. Você pode pensar que vai fracassar e ser infeliz, ou pode planejar seu sucesso e sua felicidade. É melhor dar uma boa examinada nos seus pensamentos de vez em quando. Pense em bons dias hoje, e os terá amanhã.

2 de novembro

Certa vez, um homem nervoso disse-me, falando sobre Nova York:
— Até o ar desta cidade é tenso.
— Nem tanto — respondi. — Se levar uma amostra do ar para ser analisado num laboratório, não encontrará nenhum sinal de tensão. A tensão está na mente das pessoas que respiram o ar.

3 de novembro

Eis aqui as regras de um homem para ter sucesso na vida:

1 — *Afirme todos os dias a presença de Deus.*
2 — *Reze por aqueles com quem trabalha e convive.*
3 — *Imagine o sucesso não só para você, mas também para as pessoas que competem com você.*
4 — *Tente viver na fé.*

4 de novembro

George Cullum, um alto executivo imobiliário de Dallas, tinha uma fórmula para si e para seus homens. Costumava dizer: "Quando o trabalho for difícil, trabalhe arduamente. Quando a rocha endurecer, endureça tanto quanto ela." A vida pode ser dura, muito dura. Mas Deus construiu algo na natureza humana que é ainda mais forte. Use-o.

5 de novembro

Tire alguns minutos de férias durante o dia. Sente-se na sua cadeira de trabalho. Feche os olhos e vá mentalmente para algum lugar de que goste muito, como o lugar onde gosta de pescar, jogar golfe ou nadar. Deixar a mente viajar, pelo menos por um minuto, fortalece o corpo com uma infusão de energia nova.

6 de novembro

Um bem-sucedido homem de negócios disse-me que o que o ajudou quando passava por dificuldades foi um quadro de um barco encalhado na areia, na maré baixa. O nome do quadro era *A Maré Sempre Volta*. Nunca aceite a derrota, nem pense: "*Não* sou capaz". Ao invés disso, diga a si mesmo: "A maré sempre volta." Ela voltará, se você quiser que volte.

7 de novembro

Quando menino, tinha um enorme complexo de inferioridade e, acredite-me, não era brincadeira. Costumava ter pensamentos negativos. "Não sirvo para nada. Tenho miolos moles e nenhuma capacidade." Depois de algum tempo, comecei a perceber que os outros estavam concordando comigo. E isso sempre acontece porque, inconscientemente, as pessoas o julgam por sua auto-estima.

8 de novembro

O mundo oferece muitas diversões e prazeres. É incrível como tantas pessoas encontram tão pouco deles. Milhares vivem no que podemos chamar de "pobreza de prazeres" apesar da riqueza de oportunidades divertidas que existem. Trabalham arduamente e criam inúmeras neuroses e tensões. Trabalhar é bom, mas quando é feito de forma divertida é muito melhor. Não deixe de se divertir! Divirta-se com os prazeres que o bom Deus colocou no mundo!

9 de novembro

Como relaxar? Repita bem devagar, prestando atenção à melodia, uma série de palavras que expressam calma e paz, como, por exemplo, tranqüilidade (pronuncie-a bem devagar, calmamente), serenidade, sossego, imperturbabilidade. Diga a seguinte passagem bíblica que tem um poder surpreendente para acalmar a mente e relaxar o corpo: "Está decidido: tu manterás a paz, sim, a paz, porque a ti foi ela confiada." (Isaías 26, 3). Repita-a várias vezes durante o dia e conseguirá relaxar.

10 de novembro

Um vendedor estava tendo problemas com suas vendas, vivia com medo, sempre superando seus próprios temores. Um vendedor mais velho deu-lhe uma oração de três frases. Os resultados foram milagrosos e a percentagem das vendas subiu regularmente. A oração foi a seguinte: "Acredito que sou sempre divinamente guiado. Acredito que tomarei sempre a direção certa da estrada. Acredito que Deus sempre dará um jeito nas coisas que parecem não ter jeito."

11 de novembro

Uma pergunta importante para qualquer pessoa é: O que estou fazendo por mim mesmo? Tenho correspondido ao poder potencial que existe em mim? Ou limito-me a diminuir minhas capacidades? Considerar-se inferior ao que realmente é equivale a violar sua natureza. Pense grande.

12 de novembro

Sabedoria rural: há alguns anos, na plataforma da estação da estrada de ferro de uma cidade pequena, dois homens e um cachorro olhavam um trem expresso passar como um raio. O cachorro começou a correr atrás do trem, e continuou a persegui-lo e a latir até o último vagão desaparecer ao longe.

— Cachorro bobo e maluco! Será que ele pensa que pode pegar o expresso? — disse o chefe da estação, rindo com desdém. Depois de refletir em silêncio, seu amigo observou:

— E o que ia fazer com ele, se conseguisse?

13 de novembro

A pessoa deve seguir algumas regras se quer ter um bom relacionamento com os outros:

1 — Procure saber como se chamam todos os seus colegas e trate-os pelo nome.
2 — Não perca a oportunidade de fazer um elogio.
3 — Faça sempre críticas construtivas, se for preciso fazer alguma.
4 — Controle seu mau humor.
5 — Esteja sempre pronto a ajudar.
6 — Admita rapidamente seus erros e nunca hesite em dizer "desculpe-me".
7 — Interesse-se de verdade pela firma que o emprega.
8 — Não procure receber elogios pelas coisas que faz, mas dê sempre o valor que as pessoas merecem.
9 — Pense que as outras pessoas gostam de você.
10 — Tente gostar das outras pessoas e estimá-las, como gostaria que elas gostassem de você e o estimassem.

14 de novembro

Uma antiga máxima oriental diz: "As coisas que você pensa, acontecem." Você tende a se tornar aquilo que pensa de si mesmo. Aumente sua auto-estima. Afirme que tem possibilidades maiores do que as que apareceram até hoje. Não se autolimite, nem mesmo em seus pensamentos. Veja-se sempre melhor do que sempre foi.

15 de novembro

Você quer parar de fumar, ou de fazer qualquer outra coisa? A vontade de fumar é basicamente mental, mais um impulso nervoso para fazer alguma coisa com as mãos. Também está envolvida a tendência infantil de colocar algo na boca. Para parar, decida que quer realmente fazê-lo. O desejo profundo é sempre fundamental, quando se quer conseguir algo. Então, decida que vai realmente parar. Por último imagine-se livre do hábito. Mantenha essa imagem firme e obstinadamente, até que seu inconsciente a aceite. Não tente ir parando aos poucos — pare de vez. Peça a Deus para ajudá-lo e acredite que Ele vai fazê-lo. O desejo está principalmente em sua mente — tenha pensamentos de vitória. Para curar o movimento nervoso das mãos, pratique o controle da tensão muscular. Acredite que pode... e poderá.

16 de novembro

Quando estiver tenso e preocupado, repita essas quatro citações:

> *De Confúcio: "O caminho de um homem superior é triplo: virtuoso, logo livre da ansiedade; sábio, logo livre da perplexidade; confiante, logo livre do medo."*
> *De Robert Louis Stevenson: "Monte à vontade na sela da vida."*
> *De Santa Teresa, uma mística do século XVI: "Não deixe que nada o perturbe, que nada o amedronte; tudo passa, exceto Deus; Deus é suficiente."*
> *De Isaías: "...na tranqüilidade e na confiança estaria a vossa força." (Isaías 30, 15).*

17 de novembro

A palavra *ressentimento* significa re-sentir — sentir novamente. Alguém o fere; ao ficar ressentido, você estará re-sentindo a injúria e re-ferindo-se. O Talmude hebraico diz que uma pessoa que guarda ressentimento é "como aquela que, tendo cortado uma mão ao usar uma faca, vinga-se, ferindo a outra mão." A melhor maneira de evitar esse autopadecimento é aplicar "iodo espiritual" no momento em que alguém o ferir. Cure logo seu ressentimento antes que ele comece a infeccionar.

18 de novembro

Quanto mais usarmos a força mental contra dificuldades aparentemente sem esperança e seguirmos rasgos de intuição provenientes da verdadeira reflexão, mais garantidas serão nossas conquistas. A reflexão dá à pessoa a coragem para fazer coisas fora do comum, quando a situação exige: uma facilidade para mudar o pensamento rapidamente quando os problemas tomam direção diferente da que esperávamos.

19 de novembro

Os problemas são uma parte normal e essencial da vida. A força desenvolve-se a partir do momento em que os enfrentamos, pensamos bem neles e os dominamos. Se encararmos os problemas através de um quadro mental positivo, poderemos sempre tirar alguma coisa boa deles, por mais que possam ser complexos.

20 de novembro

Não importa o quão difícil as coisas se tornem, há alguém que está sempre com você — esse alguém é Deus. Ele o ajuda dando-lhe paz e uma atitude mental positiva. Com isso, você pode começar o verdadeiro pensamento criativo e, como resultado, será capaz de ter uma visão confiante e não negativa. Esse pensamento dinâmico fará com que as coisas comecem a se encaminhar a seu favor, e na verdade você verá que está dominando o problema.

21 de novembro

O agradecimento é um reconhecimento dos benefícios já recebidos e um estímulo às coisas boas que ainda estão para vir. O agradecimento estimula um fluxo contínuo de boas coisas. Se na sua vida houver uma escassez de boas coisas, isso pode ser devido à sua falta de agradecimento. Para se conseguir tudo na vida, é importante ser agradecido. Somente por meio da enumeração das boas coisas que recebemos é que podemos apreciar totalmente a generosidade de Deus.

22 de novembro

Há uma coisa que você não deve fazer nunca. Durante toda sua vida, não deve jamais deixar de confiar em si mesmo! Você foi feito por Deus, o Criador, e Ele nunca fez nada malfeito. Quando Ele o fez, fê-lo bem, muito bem. E por isso você tem o direito de ter uma boa opinião a seu respeito. Uma auto-estima boa e saudável é normal e correta. Então tenha um bom dia hoje e uma boa vida sempre.

23 de novembro

O medo esconde-se entre as sombras e cresce na escuridão. Uma mente espiritualmente escura é um solo fértil para temores assustadores. Mas, quando a mente está repleta da presença do Senhor, está automaticamente cheia de luz. Segue-se um pensamento inteligente e os temores são expulsos. "O Senhor é a minha luz... de quem teri medo?" (Salmos 27, 1).

24 de novembro

Para ter saúde mental e viver bem, toda pessoa deve afastar-se dos fracassos e dos erros passados e seguir, sem deixar que eles pesem em sua mente. Nunca insista nos "ses", mas sim nos "comos". É absolutamente necessário esquecer para se ter um bom futuro. Toda noite, ao deitar-se para dormir, experimente deixar todos os fracassos e erros no passado. Eles acabaram, passaram. Olhe com confiança para o futuro. Deus lhe dá novas oportunidades a cada manhã.

25 de novembro

Eis aqui uma oração para ajudá-la a perdoar: O Senhor nos diz para perdoarmos nossos inimigos. Gostaria de fazê-lo — será que realmente gostaria? Mas, Senhor, não sei como perdoar — ou será que não tenho força moral para fazê-lo?

Senhor, livre-me de alimentar ressentimentos. Ajude-me a querer perdoar.

Encha minha mente com pensamentos generosos.

Faça-me maior do que tenho feito. Deixe-me conhecer a alegria do perdão e da reconciliação. A Bíblia diz: "Pois se perdoardes aos homens os seus delitos, também o vosso Pai celeste vos perdoará". (Mateus 6, 14). Então, por favor, tire meus inimigos das minhas mãos. E eu O agradeço por poder dizer: "Seja bom para eles". Amém.

26 de novembro

Muitos fatores determinam para onde vamos, como vamos e onde chegamos na vida. Mas uma coisa é certa: se você se esquecer das coisas que ficam para trás, como ensina a Bíblia, e for ao encontro daquelas que estão à sua frente, seguindo "para o alvo, para o prêmio da vocação do alto, que vem de Deus, em Jesus Cristo" (Filipenses 3, 14), você terá um futuro cheio de conquistas e alegria.

27 de novembro

A Bíblia nos diz que os pecados dos pais passam para as gerações posteriores. Mas isso é apenas metade da história. As virtudes dos pais também são passadas. Se o pai é um homem honesto e correto, e se estabelece um tipo de relacionamento adequado com os filhos, dificilmente esses filhos sairão dos trilhos; ou, se acontecer, voltarão a eles. O desejo de seguir o exemplo e de imitar é muito forte.

28 de novembro

Oração de um pai perplexo: Senhor, eu amo meus filhos, mas eles estão me enlouquecendo. Não consigo mais me controlar. Preciso de ajuda. Tenho consciência, Senhor, que não posso orientá-los se estou perturbado. Ajude-me a não me irritar nem gritar com eles. Dê-me senso de humor. Ajude-me a ver que a enorme energia deles é um sinal de vitalidade e parte de seu desenvolvimento. Não permita que eu me canse nem me perturbe, mas que, ao contrário, entregue-me com alegria a meu relacionamento com eles.

Obrigado pelos meus filhos, Senhor, mas não permita que eles me deixem maluco. Amém.

29 de novembro

Uma ou outra briga entre irmãos ou irmãs pode contribuir para ajudá-los a se tornarem homens ou mulheres. Meu irmão, Bob, e eu costumávamos brigar de vez em quando, mas, se algum outro garoto atacasse algum de nós, tinha de brigar com os dois. Durante toda vida fomos inseparáveis, nossa briga terminou há algum tempo atrás. Nosso amor é por toda vida — e mesmo além dela. O amor de nossos irmãos e irmãs é um presente pelo qual deveríamos ser agradecidos.

30 de novembro

De certa forma, a grande questão de nossa vida é a competição entre o erro e a verdade. Quando o erro nos dirige, fazemos coisas bobas e passamos muito tempo nos arrependendo delas. Quando a verdade está no controle, seguimos a direção certa e enfrentamos os problemas da vida habilmente.

DEZEMBRO

1º de dezembro

Duas palavras — *sacrifique-se* — são importantes para o autocontrole. Podem estar relacionadas ao sucesso ou ao fracasso. Recuse um doce, evite repetir às refeições, não compre o vestido, não perca tempo — quando vai começar a dizer *não* para você mesmo? Não pense que esta decisão vai *contra* alguma forma de divertimento, mas *a favor* de um objetivo que se deseja atingir na vida. Isso faz dela um degrau positivo e não negativo. Não está tirando a alegria de viver, na verdade está dando alegria à vida. Quanto mais nos concentrarmos num objetivo importante, mais forte nos tornaremos. Sacrificar-se hoje para conseguir maiores benefícios no futuro é a característica de um ser humano racional.

2 de dezembro

Minha mulher, Ruth, num jantar da igreja, no oeste, estava sentada em frente a um fazendeiro. As mãos e a pele queimada de sol e vento do homem revelavam trabalho árduo.

— Como foi a colheita este ano? — perguntou ela.

— Senhora — respondeu ele — tivemos uma longa seca, depois vieram os gafanhotos. Perdi 90 por cento da minha colheita, e meu irmão perdeu a dele toda.

Consternada, Ruth perguntou:

— E o que seu irmão fez?

— Ele apenas tentou esquecer — respondeu o homem, calmamente. — O próximo ano oferece um novo começo.

3 de dezembro

Num avião no Extremo Oriente, na estação dos furacões, perguntei ao piloto como enfrentava ventos tão fortes:
— Ah — respondeu ele — eu os transformo em ventos de popa!

Existem muitos problemas na vida, alguns parecem tão grandes quanto furacões. Podemos aprender as leis que governam os problemas, tendo fé em Deus e usando a mente que Ele nos deu. Assim, podemos transformar as dificuldades em oportunidades e usá-las para atingir nossos objetivos mais rapidamente.

4 de dezembro

Como conseguir uma força maior? Pratique viver com Deus. Viva com Ele diariamente. Fique com Jesus Cristo. Fale com Ele. Converse com Ele como com um amigo. Reze para Ele. Pense n'Ele. Não faça nada, por mais insignificante e pequeno que pareça, sem consultá-lo. Quanto mais fizer isso, mais se identificará com as forças divinas e aumentará o fluxo de energia delas para você.

5 de dezembro

Pensar demais nos erros pode fazê-lo cair numa rotina de erros. Eles podem ser professores, mas também podem ser sanguessugas, grudadas no seu pensamento, condicionando-o a cair nos mesmos erros de novo. Também é muito fácil deixar que os erros do passado arruínem o presente. Treine sua mente a aprender com seus sucessos.

6 de dezembro

Em qualquer ponto de nossas vidas, cada um de nós está numa espécie de escada moral. Existem degraus acima e abaixo de nós. Podemos subir ou descer. Ou podemos simplesmente ficar parados, o que é a coisa mais fácil, porque não exige esforço nem envolve nenhum risco. O que realmente temos de fazer, se estivermos interessados em crescer, é tomar a decisão de subir um degrau da escada moral de cada vez.

7 de dezembro

Um homem sabe se algo que deseja fazer é certo ou errado da seguinte maneira: ele imagina o que pretende fazer como manchete no jornal do dia seguinte. Se ela o incomodar de alguma forma, desiste do que ia fazer.

8 de dezembro

Jamais subestime alguém que tenha um entusiasmo evangélico a favor ou contra alguma coisa. Uma única pessoa com uma determinação forte e fervorosa pode estimular forças surpreendentes que podem tornar-se dominantes, mesmo quando a grande maioria não está de acordo. Uma maioria apática pode ser intimidada por um pequeno número de pessoas inflamadas por uma convicção positiva ou destrutiva. Ambas são motivadores poderosos. Felizmente, as convicções positivas são mais poderosas do que as negativas.

9 de dezembro

Quando os problemas atacam, o que se procura não é apenas conforto e solidariedade. Procura-se ter forças para enfrentá-los e resolvê-los. Pode-se conseguir os dois. Lembre-se de que Deus está com você, de que Ele nunca vai desapontá-lo, de que você pode contar com Ele. Diga esta palavras: "Deus está comigo, ajudando-me" e "Deus é nosso refúgio e força, uma ajuda presente nos momentos difíceis." Isso o confortará. Uma nova esperança encherá sua mente. As reações emotivas darão lugar ao pensamento racional. Novas idéias surgirão. Você terá uma sensação nova de força e, como resultado, superará seus problemas

10 de dezembro

Alguns dos grandes aviões a jato têm uma série de pás que saem das asas e que criam uma turbulência perto da cauda do avião, necessária à precisão da direção de vôo. Se o ar estiver muito tranqüilo, é necessário que se acrescente alguma agitação para melhorar as condições de vôo. Talvez o sofrimento e a privação tenham o mesmo propósito para o ser humano. Talvez precisemos de "turbulência" para ajudar-nos a desenvolver nosso senso de direção, a fim de que possamos chegar ao destino que estabelecemos na vida.

11 de dezembro

Arve Hatcher contou-nos que, depois de uma forte nevasca, seu carro ficou preso num monte de neve, e seus esforços para tirá-lo de lá apenas enterraram cada vez mais as rodas. Um adolescente forte vinha caminhando pela rua carregando uma pá. Assim que viu o

que estava acontecendo, começou prontamente a trabalhar e desatolou o carro.
— Muito obrigado — disse Hatcher agradecido, e tentou dar-lhe uns trocados.
— De jeito nenhum — retrucou o jovem com um sorriso. Faço parte do clube FAO.
— Nunca ouvi falar nele — replicou Hatcher.
— Claro que já — falou o rapaz, sorrindo largamente.
— É o clube faça aos outros o que gostaria que fizessem a você.
E com um aceno de mão e outro grande sorriso, continuou seu caminho.

12 de dezembro

Para ter coragem, pense corajosamente. Somos aquilo que pensamos. Pensando corajosamente, a coragem vai encher seu pensamento e expulsar o medo. Quanto mais corajosamente você pensar, mais coragem terá. Aja com coragem. Pratique o princípio do "como se". Aja como se tivesse coragem e você será aquilo que pensa e faz. As pessoas deviam rezar para terem coragem como rezam pelo pão de cada dia. E sua oração pela coragem fará com que você pense e aja com coragem.

13 de dezembro

Separe umas horas para acalmar seus pensamentos e emoções, a fim de poder refletir sobre seu eu profundo. Quando a mente está agitada pelo barulho, agitação e confusão da vida moderna, não é possível consultar as profundezas da mente, onde estão as respostas para os problemas difíceis. Lembre-se das palavras de Thomas Carlyle: "É no silêncio que nascem as grandes coisas."

14 de dezembro

Ouse ser o que você deve ser, ouse ser o que sonha ser; ouse ser o melhor que pode ser. Quanto mais ousar, mais certeza terá de que vai conseguir o que está ousando. Mas, se você faz as coisas com receio, dizendo: "Acho que nunca vou conseguir" ou "Tenho certeza de que não sou capaz" ou "Não tenho as qualidades necessárias", então vai obter um resultado à altura dos seus pensamentos. Sonhe grandes sonhos, ouse grandes sonhos. Tenha grandes esperanças, ouse grandes esperanças. Tenha grandes expectativas, ouse grandes expectativas. "...O Senhor é a fortaleza de minha vida.... estarei confiante" (Salmos 27, 1, 3).

15 de dezembro

A razão é um inimigo da preocupação. Combata a ansiedade com a razão. A preocupação é uma emoção; a razão é um processo mental sólido. Nenhuma emoção pode resistir muito tempo a uma análise fria e racional. Use a razão, e veja como a preocupação desaparecerá.

16 de dezembro

O cristianismo não é apenas uma filosofia, não é apenas uma teologia. É também uma ciência. Uma ciência é qualquer conjunto de verdades que se baseia em fórmulas demonstráveis. Jesus deu-nos essas fórmulas. Se você ama, receberá amor; se odeia, receberá ódio. Ele nos diz que, se vivermos uma vida boa, experimentaremos a alegria interior. O cristianismo funciona para todos os que o experimentam.

17 de dezembro

Na época de Natal, nosso táxi levou 15 minutos para percorrer mais ou menos dois quarteirões.
— Esse trânsito é um horror — resmungou meu companheiro. — Acaba com meu espírito natalino.
Meu outro amigo era mais filosófico:
— Incrível — disse ele, pensativamente. — Pense só, um bebê que nasceu há mais de mil e novecentos anos, dez mil quilômetros de distância, provocar um engarrafamento na Quinta Avenida, em Nova Iorque. Sim, é realmente incrível!

18 de dezembro

Sempre me lembro de como minha avó falava de Deus e conversava com Ele como se fosse o vizinho do lado. Quando era menino, ela me falava de Deus como um Pai caridoso, e do Cristo como o Chefe da família. Tinha um dístico emoldurado onde se lia: "O Cristo é o Chefe dessa família. Embora não possa ser visto, está presente a todas as conversas..." Cristo achava-se presente sempre. Ele estava muito próximo, porque vovó e vovô falavam muito de religião naquela época; eles compartilhavam suas experiências espirituais, e conversavam sobre as coisas profundas da vida. Compartilhar Deus faz com que você fique mais perto d'Ele.

19 de dezembro

Todo mundo tem um lado bom e um ruim. Certa vez, um poeta imitando o romancista Dostoievski disse: "Há uma batalha invisível no peito de cada ser humano, onde duas forças opostas se encontram e onde quase nunca repousam." A grande questão para todo ser humano é qual das duas deve vencer, o mal ou o bem? Você deve rezar pelo bem.

20 de dezembro

"Este é o repouso..." disse o profeta Isaías (28, 12). Essas palavras lembram-nos uma fonte de água fresca. Têm uma qualidade renovadora. O uso freqüente dessa passagem tem um efeito fortificante. Depois de um dia movimentado ou em meio aos detalhes cansativos, como nas atividades natalinas, pare e diga essas palavras e veja como elas acabam com a preocupação e dão descanso ao corpo, mente e espírito. Diga-as devagar, enfatizando sua melodia agradável e calma. Ao mesmo tempo, pense que a paz, o repouso e a renovação estão chegando. Eles chegarão.

Verão

Agora está chegando novamente o verão. É a época do ano que a natureza, calmamente, demonstra seu poder de crescimento. As árvores completam seu processo conhecido, mas sempre espantoso, de fazer brotar milhares de folhas. Sempre me perguntei como uma árvore sabe o momento de se enfeitar de folhas, e como ela o faz. Dos galhos áridos e nus do inverno para as folhas verdes de verão, processa-se um dos milagres admiráveis com que a natureza acrescenta encanto e beleza a nossas vidas.

Em toda parte, flores acentuam o caráter festivo do verão, e os cantos das aves enchem o ar de alegria. Nas árvores e em outros esconderijos, os pais e mães pássaros armam cuidadosamente seus ninhos. Brisas fragrantes sopram suavemente e raios dourados de sol se filtram entre os galhos para cair mansamente sobre a relva. Amadurecem os frutos da terra, e as espigas de trigo ondulam ao vento descuidado.

Tudo é perfeito, uma vez que o bom Deus, o Criador, planejou e fez tudo. E ele nunca fez nada malfeito. Contudo, com toda a reverência devida, não posso deixar de me perguntar, a cada verão, por que o Senhor julgou necessário criar mosquitos e insetos voadores. Oh, eu sei que isto tem a ver com o equilíbrio natural e tudo o mais; ainda assim, devo confessar que essas criaturas conseguem interferir com os prazeres perfeitos do verão.

Há alguns anos, comprei duas cadeiras de balanço antigas de uma firma na Georgia que as fabrica desde a Guerra de Secessão. Levei-as para a casa que temos em Dutchess County, no Estado de Nova York, construída em 1830. A casa fica no alto de uma colina, sobre um grande vale, com a fachada voltada para o Oeste na direção do Rio Hudson.

Em um dos lados, há uma varanda que dá para o sul, sobre o vale. E a varanda de trás, junto à cozinha, debruça-se sobre outro vale. Foi aí que pus as cadeiras de balanço e, desse mirante tranqüilo, podemos contemplar uma vasta extensão de terra semeada de grandes árvores, do vale até as colinas.

Em uma tarde quente de verão ou no frescor do entardecer, gosto de sentar-me ali com Ruth, minha mulher, balançando-me em perfeita fruição até que os mosquitos surgem para atacar-nos em todas as partes expostas, e outros insetos chegam em massa, zumbindo e picando. Finalmente, retiro-me para o interior da casa com pensamentos nem sempre agradáveis sobre o verão. Na verdade, porém, nem mesmo isso afeta a alegria e o esplendor do verão, a estação da plenitude.

Às vezes, num calmo e delicioso dia de verão, surpreendo-me recitando esses versos de Robert W. Service:

> *O verão — mais doce jamais se viu;*
> *O bosque, cheio de sol e alarido;*
> *Os peixes saltitando no rio;*
> *O cabrito montês adormecido.*
> *Vida forte, que não conhece grade;*
> *As renas a gritar na pradaria;*
> *Quanto frescor, distância, liberdade...*
> *Meu Deus! Como isso me enche de alegria...*
> *Da infância à velhice, todos nós amamos o verão.*

21 de dezembro

Talvez a coragem seja uma qualidade essencial da vida, que Deus nos deu. Ela levanta o espírito nas épocas de crise. Há momentos em que apenas a coragem nos separa da desgraça. Na longa caminhada através dos anos, haverá momentos difíceis em que precisaremos de uma coragem obstinada para continuar em frente. E qual é a fonte desta coragem? É certamente a sensação da presença divina quando O ouvimos dizer: "Estou sempre com você."

22 de dezembro

Nossos filhos são os cidadãos do futuro. Devemos ensiná-los a não mentir nem trapacear, e a serem pessoas honestas como os respeitáveis antepassados da América. A desonestidade é um golpe para os Estados Unidos, porque um país livre só pode sobreviver através de homens e mulheres íntegros. Diga-lhes que o Menino de Belém veio ao mundo para fazer as pessoas felizes.

23 de dezembro

Que maior felicidade pode ter uma família do que a chegada de um bebê? Certamente é um sinal de que Deus abençoou esse casamento e esse lar. Um bebê é uma obra-prima de Deus — uma criação maravilhosa de Sua mente infinita. A chegada do Menino Jesus trouxe uma enorme e emocionante felicidade ao mundo.

24 de dezembro

O poeta James Russell Lowell escreveu em *A Christmas Carol*:

Quem sabe na alma guardar
'Té a noite a fé matinal,
Ouve sempre a cantar:
"O Cristo nasceu afinal!"

Há uma glória enorme na época do Natal, desde a infância até a velhice. É uma glória inenarrável. Conserve-a assim, sempre.

25 de dezembro

A história do Natal é anunciada no versículo: "... e paz na terra aos homens de boa vontade" (Lucas 2, 14). Todos ficaram alegres porque uma coisa maravilhosa acontecera. Um grande Mestre veio à terra para revelar o simples segredo da paz e da alegria. E que grande segredo! Quando temos paz no coração, temos também amor e boa vontade para com todos os homens.

Quem, além do Senhor, poderia ter pensado num caminho tão simples para a felicidade? E nosso Salvador, cujo aniversário celebramos nesse dia de Natal, salva-nos de nossos pecados e recebe-nos na vida eterna. É natural que desejemos uns aos outros: "Feliz Natal!"

26 de Dezembro

A hostilidade das outras pessoas nos perturba muito, mas geralmente não nos preocupamos com os nossos sentimentos hostis em relação a elas.

Achamos que o outro tem de mudar, mas não consideramos a possibilidade de termos de mudar. Mudar espiritualmente, essa é a solução. O espírito do Natal pode ajudar-nos a fazer isso.

27 de dezembro

Um médico diz que setenta por cento das anamneses de seus pacientes revelam ressentimento. Segundo ele:
— A má vontade e o rancor provocam doenças. O perdão ajudará muito mais na recuperação deles do que muitas pílulas.
Assim, é saudável perdoar, sem falar em que essa é a maneira certa de viver. Acostume-se a procurar as qualidades das pessoas. Todos as têm. Este pensamento pode ajudá-lo a se preparar para ter bons dias no próximo ano.

28 de dezembro

Marco Aurélio, o imperador romano, disse: "A vida é o que nossos pensamentos fazem dela." São Paulo disse a mesma coisa: "...transformai-vos, renovando vossa mente..." (Romanos 12, 2). Este é o grande segredo revelado pelo cristianismo através dos séculos, que transforma as pessoas sem ânimo em pessoas vigorosas, as fracas em fortes, as apáticas em interessadas. "Eu vivo, mas já não sou eu quem vivo, pois é Cristo que vive em mim." (Gálatas 2, 20).

29 de dezembro

Quando o ano termina, uma das coisas mais importantes que você deve cultivar é a capacidade de esquecer.

Se realmente quer deixar para trás os fracassos e as experiências desagradáveis, tem de ser capaz de dizer: "Bem, já aconteceu, agora vou esquecer." E faça apenas isso. "... esquecendo-me do que fica para trás e avançando para o que está adiante... prossigo para o alvo..." (Filipenses 3, 13, 14).

30 de dezembro

Para começar bem o ano novo, sugiro que você descubra uma vida espiritual mais profunda. Algo acontece bem dentro de si, e daí em diante você se enche de alegria, entusiasmo e beleza. Isso pode acontecer rápida e inesperadamente. Poderia acontecer hoje. Por outro lado, pode ser uma experiência que se obtém aos poucos, como o desabrochar de uma rosa, que começa com um botão e termina numa flor. Mas, como quer que aconteça, é a maior experiência que um ser humano pode ter.

31 de dezembro

Eis aqui um pensamento para a véspera de ano novo, para garantir um bom dia todos os dias a partir de hoje. São Paulo diz: "... vivamos vida nova" (Romanos 6, 4). O que isso significa? Simplesmente livrar-se de todos os velhos obstáculos que o acompanharam durante tanto tempo: ressentimentos, desonestidades, racionalizações, medos, fraquezas etc. Você precisa livrar-se de todos eles para poder "viver vida nova". Quando você está novo, sente-se caminhando, cabeça erguida, ereto, pois tem uma nova energia. Essa imagem pode reativar sua vida para "viver vida nova", porque não se livrar dessas coisas? Se você tem tido medo, acabe com ele. Diga: "Com a graça de Deus acabei com ele", e tome conta de você como nunca fez antes. E, com certeza, terá um feliz ano novo.

O AUTOR

Norman Vincent Peale é, seguramente, um dos escritores religiosos mais lidos em todo o mundo. É de sua autoria *A Solução Está na Fé,* bestseller mundial publicado no Brasil pela Record. Além de seus livros, o Pastor Peale é redator e co-editor da revista *Guidepost*, de larga circulação nos Estados Unidos.

Seja um Leitor Preferencial Record
e receba informações sobre nossos lançamentos.
Escreva para
RP Record
Caixa Postal 23.052
Rio de Janeiro, RJ – CEP 20922-970
dando seu nome e endereço
e tenha acesso a nossas ofertas especiais.

Válido somente no Brasil.

Ou visite a nossa *home page*:
http://www.record.com.br

Impresso no Brasil pelo
Sistema Cameron da Divisão Gráfica da
DISTRIBUIDORA RECORD DE SERVIÇOS DE IMPRENSA S.A.
Rua Argentina 171 – Rio de Janeiro, RJ – 20921-380 – Tel.: 2585-2000